Varewui Pangshap

*Okathui haokaphok eina thuida
mik ngapeoda kaphara mili mi akhana
theingasaka kaji mashalak ranga.
Mipahi Varewui eina khara
maning akha khi otkha masarar mara.
(John 9:32-33)*

Varewui Pangshap

Dr. Jaerock Lee

Varewui Pangshap by Dr. Jaerock Lee
Published by Urim Books (Representative: Johnny. H. Kim)
235-3, Guro-dong 3, Guro-gu, Seoul, Korea
www.urimbooks.com

All rights reserved. This book or parts thereof may not be reproduced in any form, stored in a retrieval system, or transmitted in any form or by any means, electronic, mechanical, photocopying, recording or otherwise, without prior written permission of the publisher

Unless otherwise noted, all Scripture quotations are taken from the Holy Bible, NEW AMERICAN STANDARD BIBLE,®, Copyright © 1960, 1962, 1963, 1968, 1971, 1972, 1973, 1975, 1977, 1995 by The Lockman Foundation. Used by permission.

Copyright © 2009 by Dr. Jaerock Lee
ISBN: 979-11-263-1297-9 03230
Translation copyright © 2005 by Dr. Esther K. Chung. Used by permission.

Previously published into Korean by Urim Books in 2004

First Published September 2005
Second Edition August 2009

Edited by Dr. Geumsun Vin
Designed by Editorial Bureau of Urim Books
For more information contact at urimbook@hotmail.com

Preface

Kasa akhava Varewui pangshap kala Jesu Christawui paokapha manga eina nathum saikorana Mangla Katharawui mei thada kachui otchi theiser khavai seiha sai...

"Pangshap" hiwui themeli May 2003li Two – Week Special Revival Meeting salaga mi kachungkhana Vareli masokachikat samkaphang chiwui message lairik eina kapishok khangasak Vareli ningshi kachangkhata.

Church sakada tenth anniversary sakahaiwui thi 1993 zingkumli Varena Manmin Central Church member bingli annual Two – Week Special Meeting chiwui manga eina khamashung shitkasang leida manglawui mi ngasa khavai ot kachungkha sai.

Theme "Vareva Leikashina" kajiwui azingli 1999 Revival Meeting khuikai. Hili Varena sokhamiwui changkhayang rangasakta Manmin church member bingna khamashung paokapha theishap haowa, kala athumna ainhi leikashi eina theivashap haowa.

2000 zingkumli okathuiwui mi saikorali kasa akhava Varewui pangshap, Jesu Christawui paokapha, kala Mangla Katharawui ot chithei khavai chida new millennium haokaphok atamli Revival Meeting akha khuikai, kala chi Moogoonghwa satellite eina Internetli broadcast sada Varena mi kachungkhali somi. 2003 zingkum liya Koreawui eina church 300 kala ayarwui eina ngalei tharada phanga shikhana Revival Meeting hili rangaruma.

Meeting chili Varewui pangshap, pangshapwui levelbing, kala mikumona matheiva kharar chuimeikap kaji pangshap saikorachi mi kajivali chitheishap khavai Varena ot sai.

Varewui pangshapchi mi kachivali tashungmi. Langmeida mi akhana manglawui apongli zangda Varewui kahor alungli ngarumkahai tharan Jesuna matakhak kahai ot kasa chikathawui pangshap eina tangda samphangshap haowa. Hiwui maramli Prohona John 15:7li hanghai, "Nathumna ili zangda iwui tuila nathumli leiakha, nathumna ningkachang kapopochi samphangra."

Hikatha pangshap samkaphang eina zingkum shini kazat kazathaida leikasachi kharai samphangda chiwui ringkaphachi I phasanala theichao kahaina. Jesuna Mark 9:23li hanga, "Samipai akha kajila? Shitkasanga awui vanga ot saikora sapai serra." Laga Jesuna "Kachangkhat ina nathumli kahangna, kaji kathana ili shitsang akha ina kasa otchi ala sashapra, hakhamei ot eina tangda sara, kaja I Avavawuili vahaora" (John 14:12) da hangkahai tui hili shitsangda ina Jesuli tuingashit salaga kakhum eina seiha sai. Honkam eina Revival Meetingwui manga eina Varena matakhak kahai ot sachitheida mi kachungkha kazat kharai samphanga. Langmeida 2003 Revival Meeting second weekli Varena mik khangapeo, khana makasha, kala sheikasha mibingli raikhami pangshap sachitheiya.

Medical sciencena hiyakha reisanglala mik khangapeo, khana makasha, kala sheikasha hikathahi marairar mana. Kha ina pulpitli seiha kasa tharan Varewui pangshap manga eina thingneira kala phasawui cell makangsangda khana makashabing shaser haowa, mik makatheibing theihaowa, kala tui mamatui kapaibing matui haowa. Langmeida khumkhor tipkahai bingwui arakui eina tangda ngarongmi haowa kala khamshui singda zatkasa bingla chi mazangla ngaworkada zatshap haowa.

Varewui matakhak kahai pangshap hiya atam kala apam

mangavamana. Satellite eina internetwui Revival Meetingli rakazang bingna Varewui pangshap ratheikhuida testimony lairik eina kapilaga ramisang ngaroka.

Chiwui vang eina 2003 Revival Meetingli mi kachungkha Varewui tui manga eina pharaluishit kaji, mirin kadhar samkaphang, huikhami samkaphang, kala kazat kharai samkaphang hiwui messagechi lairik eina kapi kashokna.

Editorial Bureauwui Director Geumsun Vin kala awui staff, langmeida Translation Bureau athum bingna chotchanglak eina ot sakhami vang ningshi kachang khata.

Nathum saikorana kasa akhava Varewui pangshap, Jesu Christawui paokapha, kala Mangla Katharawui ot kathei samphangda ringkapha ngasaranu kajihi ina Prohowui mingli seiha kasana!

Jaerock Lee

Introduction

Khamataiya guide sakhavai kala hiwui eina mi akhana khamashung shitkasang leida Varewui matakhak kahai pangshap samphang khavai paphalungki kaji lairik

May 2003 atamli kasa 'The eleventh Two-Week Special Revival Meeting' wui maram kala Dr Jaerock Leena khami messagechi lairik eina kapishok khangasak vang ina Vareli ningshi kachangta.

Revival Meetingli khamatui "Pangshap" kachiwui maramli message chiko kala chili rakazang bingna Varewui pangshap kathei samphangda athumwui testimony lairik eina kapi khara saikorachi theida nathumli Varewui pangshapna ngaphum haora.

First Message "Vareli Shitkasang" kajiwui tuiza hili Varewui khangacha chili shitsang phalungki kajina kala Ali samphang phalungki kajina kajihi meikhaimi hai.

Second Message "Proholi Shitkasang," kajiwui tuiza hili Prohonna latkharawui ningrin, khiwui vang Jesuna huikhamiya ngasahao, kala ithumna Proho Jesuli shitkasang eina khiwui vang huikhami samphanghao khala kajiwui maramli kapi hai.

Third Message "Aman kasak Ngalungli Langkhamei Khorkhong" kaji tuiza hili khina aman sakngasakra khala, kala Varewui khorkhong kathada ngasapaira khala kajiwui maramli kapihai.

Fourth Message "Kahor" kajiwui tuiza hili manglawui kahor, Vareli samphang khavai ithumna khi sara khala kala ithumna khi sokhami samphangra khala kajiwui maramli kapihai.

Fifth Message "Kahorwui Pangshap" kajiwui tuizali apuk apakva kasem Varewui pangshap akhum matiwui maramli meikhaimi hai. Langmeida kasa akhavawui chuimeithui kaji pangshap kala ithumna pangshap samphang khavaiwui apongchi meikhaimi hai.

Six Message "Khangapeopawui Mik Theihaora" kajiwui tuiza hina kapharawui eina mik ngapeo kahai bingna Jesuli samphangda mik theikahai, mi kachungkhawui testimony khami kala kasa akhavawui pangshap samphang khavai apong maramli hangmi hai.

Seventh Message "Mibing china Nganingkada Ngaworkara, kala Zatra" kajiwui tuizawui alungli pharei kakazapali mi khanina Jesuli khuiralaga zathei kahaiwui maramli hangmi. Langmeida Varewui pangshap samphang khavai mi akhana otsak khangayura shitkasang leiphalungra kajiwui maramli kapihai.

Eighth Message "Mibing china Ringphada Dance salaga Laa Sara" kaji tuiza hina khana makasha mi akhana Jesuli samphangda kharai samkaphang kala aruihon atamlila hikathawui pangshaphi kathada samphang paira khala kajiwui maramli kapihai.

Ninth Message "Makhangachei Varewui Khangaran" tuiza hina khanaowa atamwui maramli hangmaran kahai kala zingkum maka langkahai Manmin Central Churchli Varena pangshap chithei kahai maramli kapihai.

Lairik hiwui manga eina mi kachungkhana khamashunga shitkasangwui alungli kasa akhava Varewui pangshap samphangda Mangla Katharawui khorkhong ngasaranu kajihi ina Proho Jesu Christawui mingli seiha kasana!

Geumsun Vin
Director of Editorial Bureau

Contents

Message 1

Vareli Shitkasang (Hebrews 11:3) · 1

Message 2

Proholi Shitkasang (Hebrews 12:1-2) · 25

Message 3

Aman kasak Ngalungli Langkhamei Khorkhong
(2 Timothy 2:20-21) · 47

Message 4

Kahor (1 John 1:5) · 67

Message 5

Kahorwui Pangshap (1 John 1:5) · 85

Message 6

Khangapeo Pawui Mik Theihaora (John 9:32-33) · 117

Message 7

Mibing china Nganingkada Ngaworkara, kala Zatra (Mark 2:3-12) · 135

Message 8

Mibingna Ringphada Dance salaga Laa Sara (Mark 7:31-37) · 157

Message 9

Makhangachei Varewui Khangaran (Khalatlui 26:16-19) · 179

Message 1
Vareli Shitkasang

Hebrews 11:3

Shitkasang manga eina ithumna theishing khuiya kaja apuk apakvahi Varewui tui eina sakhui. Chieina theikapai otbinghi mik eina mathei kharara chiwui eina sakakhuina.

1993 wui May kachangli kasa khare annual Two-week Special Revival Meeting chiwui eina thuida mashan kharara mibingna Varewui pangshap samphangda aruihonwui arina marai kharar kazat eina tangda kharai samphangarokta lei. Mark 16:20li hangkahai thada thuikahai zingkum tharada shini shikha Vare pangshapchi Awui tuili ngayur kharachi ithumna kathei samphanga.

Shitkasang, khamashung khangarong, phasa eina mangla, kapha eina kahor, kala leikashi hikatha tuipongwui manga eina Manmin Churchwui memberbing shitkasang thukmei khar haowa. Langmeida Revival Meeting kachivali Varena Awui pangshap chitheida okathuina chihan kapai Revival meeting akha ngasa haowa.

Jesuna Mark 9:23li hanga, "Samipai akha kajila? Shitkasanga awui vanga ot saikora sapai serra." Hithada sada ithumna khamashung shitksangchi leikha khikha masakapai maleimana, kapopo samphangra.

Thakha ithumna khili kala kathada shitsangra khala? Ithumna Vareli mashungda mashitsangthei akha Awui pangshap matheirar mara kala Awui ngahan kaka masharar mara. Phap tada mashunglak eina Vareli shitkasanghi khamataiyana.

Vare khipa khala?

Rimeithuida Varehi Biblewui lairik hantharukta tharuk kapimena. 2 Timothy 3:16li "Kathara tui saikora Varena kasat khami tuina" da ithumli hangchithei hai. Biblewui hangtharukta tharuk lairik-hi zingkum 1,600 alungli mi thumrada matina kapishoka. Kha matakhak kahai akhava apam, atam kala mi ngatateida kapingaroka chilala Biblewui lairik-hi akha eina akha ngasunsera. Apong kateili hangsa chikha Biblehi thotchanwui alungli Varena mili kasatmida kapishok khangasak lairikna. Chiwui vang eina kachi kathana Biblehi Varewui tuinada shitsanglaga kashur tharan ngashit kahai athishurda sokhami samphanga.

Mathangli Varehi "ICHI INA" (Shongza 3:14). Ithumwui Vare hiya haokaphok wui eina thuida leirashum kahai Vare china. Langmeida Ahiya leikashina (1 John 4:16), kahorna (1 John 1:5), kala ot saikorawui bichar samena dala hangpai.

Mataimeithuida Vare hiya matakhak kahai pangshap eina kazing ngalei kasa akhavana kajihi ithumna phaning-ung chingki kachina. Ahiya haokaphokwui eina thuida matakhak kahai ot sada khalei Vare china.

Saikorawui Kasa Akhava

Haokaphok 1:1li hithada kapi haiya, "Haophok khareli Varena kazing eina ngalei sai." Hebrews 11:3 lila kapihai, "Shitkasang manga eina ithumna theishing khuiya kaja apuk apakahi Varewui tui eina sakhui. Chieina theikapai otbinghi mik eina mathei kharara chiwui eina sakakhuina."

Haokaphok atamli khikha maleila khamasai eina leisai, hiwui

atamli Varena apuk apaka sakhui. Awui pangshap eina kazingramwui zimik, kachang, thingna raha, vanaoyur, sayur, ngayiwui khaiyur kala mikumo sema.

Hieina tangda mi kachungkhana Varewui pangthem hili mashitsangla leida lei; kaja athumwui theikakhuichi mikumowui thangmetli pheisin sahaowa. Athumwui theikakhuili khikha makhalei khamasai wui eina khikha masemshokpai mana kaji hina.

Hina maram sada evolution theoryhi shok-haowa. Theory hili shitkasang athumna khikha kharinga akhawui eina ot katongahi leida mayakasangna da hanga. Hikathawui ningai eina Varewui pangthemli mamaya akha Biblewui tuila athumna mashitsangrar mara. Kazingram eina meifa lei kaji mashitsangrar mara; Varewui Nao mikumo sada pharailaga ringshoka kala kazingram kahaowa kaji tui hikathahi athumna mashitsangpai mana.

Kha hanglaksa chikha sciencewui reikasang alungli evolution

theoryhi nguiya chida Varewui pangthemli shitsang ngarokta lei. Ithumna list kasang eina makapi shoklala Vare pangthemwui shakhi kachungkha leida lei.

Kasa Akhavali Shakhi bingwui manga eina Shitkasang

Hili chancham akha lei. Miyur ngatateida khalei ngalei (country) shakhani shikha lei. Kha mibing china charlala, ziklala, or hunglala mik khani kasera. Athum kachivana khana khani, natang akha, kala natangkhur khanini kangaroka. Hi mikumo mangli maningla ngalei tungwui sayurbing, kazingramwui vanaoyur, kala ngayiwui khaiyur katongali ngaraicha eina semser kahaina. Mafana nagakheikhang kahai amaili arakui khani shokhaowa chida amikla chungmeida leirana machipai mana. Mikumo, sayur, vanaoyur, kala khaiyur kachivana khamor akharip kangaroka. Phasawui alik alak ngatateida sangmiserlala angum kasa phasa chiya mangatei ngasakmana.

Saikorahi kasa akhava maleikha kathada ngasapaira khala? Hina kachitheiva sayur vayur kala mikumoli kasa akhavana sema kachina. Kasa akhava khani kathum leiya chikha saikorawui asak avat kala azakla ngatei ngaroksara. Kha ithumwui kasa akhava Vare china saikorahi ngaraicha eina semiya.

Langmeida saikorahi Varena sema kaji apuka apakali shakhi kachungkha lei. Romans 1:20li hanga, "Okathui kasa eina thuilaga Varewui mathei kharar magunbing, Awui katang makhavai pangshap eina tharkhamathengwui khangachachi ana semkahai otbing chiwui eina mibingna tharza eina theihaira. Chiwui vang eina athumna phayetkhui khavai apong katei maleilui mana." Varena saikorahi semhaokida A lei kajiwui khamashung chili makhamaya masapai mana.

Habakkuk 1:18-19li Varena hanga, "Meoma, mariwui meoma sakakhui china khi kana khala? Makakachang ot manga pang ot kathema china ana sakakhui khak makashoka ot chili shitsanga. Thingwui otli mathuklu kaji khak makashok ngalungli thuilu kaji michi kala kashi ngasa ranu! Athumna khi phongmishapra khala? Yanglu, sina lupa eina heiror kakhaninga, khak masuipai mana." Vareli matheisa mada kachikathana meomali khorumhaisa akha Vareli ningyang tongtingda ning ngateiki kajina.

Kasa Akhavali Shitsang khavai Biblewui Shakhibing

Shakhi kachungkha leilala kachikathana Vareli mashitsang kharar leipapama. Chiwui vang eina Varena matakhak kahai pangshapchi ithumli kachitheina. Matakhak kahai pangshap-hi mikumona masarar thuda chiwui manga eina ithumna Vareli shitsanga.

Bibleli matakhak kahai Varewui pangshap kachungkha chitheihai. Red Seachi akhum khani shokhangasak, zimik ngasam khangasak, kazingramwui eina mei kata, lamhangli kakhā (bitter) tarachi mangkapai tara ngasa kahai, lungharli khangaphit eina mangkhavai tara kashok, kathili ring-ung khangasak, kala kazat kashi raikhangasak hibing hina.

Mibingna Vareli shitsangda Ali kapo tharan Awui pangshap samphanga. Chiwui vang eina Awui pangshap kachithei kala sokhami maram Biblei kapi kahaina.

Kha Awui matakhak kahai pangshap maramhi Bible mangli makapihai mana. Ana ngashit kahai athishurda aja rashungda Ali khamashung eina shitkasang bingna matakhak kahai ot sada lei. Mark 9:23li Jesuna hanghai, "'Samipai akha kajila? Shitkasanga awui vanga ot saikora sapai serra." Mark 16:17-18 lila hanghai, "Kala shitkasang bingli pangshap-hi mira, iwui mingli athumna kameo kashamshokra; athumna tuiyur khangateila matuira. Athumna phara singkhuilala kathiri manglala china athumli mathingasakrar mana. Athumna kakazanao bingwui tungli pang parmikha athumna kharai samphangra."

*"Nana iwui mirin ngatangkhui khamihi kayakha
ningkashido...
Iwui mirin peida khamsui singda okthuira da
phamingsai...*

*Ara I zatshap haira...
Avă, Avă Nali ningshiyo!"*

Seiha sakhami eina mirin peida sheitha naoki kaji Deaconess
Johanna Parkna zatshap haowa

Manmin Central Churchli Varewui pangshap kachithei

Ina Senior Pastor kasa Manmin Central churchli pao kapha hashok khavai kasa eina Varewui matakhak kahai pangshap laklui lakluida shokta lei. 1992 zingkumli churchchi haokaphok eina thuida aja rashungda Varewui pangshap manga eina mi kachungkha huikhami samphangda lei. Awui pangshap manga eina mi kachungkha kazat kharai shoka. Cancer zangada marai kapai kazat, tuberculosis, paralysis, cerebral palsy, hernia, arthritis, kala leukemia hikatha thahi raingarokta lei. Kameo kashamshoka, sheikasha bingna zatshapa, kala accidentwui eina saza kahi bingla kharai samphanga. Langmeida seiha sakup khaleoda meina chuikahai bingla raida chiwui khama eina tangda matheimana. Brain hemorrhage kakaza or gas poisoning sada ning shiman kahai bingla kharai samphanga. Kala khaksui shiman kahaibing eina tangda kharing samphangda lei.

Shakazawui eina zingkum phanga, shini, thara, kala maka eina tangda nao makhalei bingla seiha sakhami manga eina nao

"Nawui ngalemli zatngaiya,
Avā, ina thuikahai tharan ishi shimkhun khala?
Proho, nana ili kathara mirin akha n
Nali chikatchaora ..."

Dr. Jaerock Leena seiha samida Cereral apoplexy kakaza arar Moonki Kim kazat haira , samphangarokta lei. Mik khangapeo, khana khangakhok, kala tui mamatui kathei bingna kharai samphangda Vareli masochikata lei.

Science kala medicinena kayakha reisanglala thikahai bingli maringasakrar mana kala khanga khangakhok eina mik khangapeo bingli maraimirar mana. Kha hikathahi khikha maningla Varena pailak eina raimida lei.

Varewui pangshap-hi I khalatana theishingkhui kahaina. I zingkum shini kazada thinanai leikasa atamli Vareli shitsang haowa. Iwui mik mang rakashap mana, kha phasa katonga kaza haida iwui ming "kazatwui department store" homisai. Zingtun kala zingsho shongwui ari arai thingna raha, fa kala singomwui athi, centipedes kala khamakhao tara eina tangda ina shaimangser kahaina. Zingkum shini kazat raikhavai hotnada arema ngasa haira kasana. Ina 1974li kaphaning kaida leilaga mashitsang kapai otshot akha samphanga. Ina Vareli samphangda ngalangda iwui kazat katonga raimi haowa. Chiwui eina thuida Varena ili makarmi chingda makazaluilak thumana.

Khikha kateokha kakaza eina tangda seiha sahaikha ngalangda kharai samphangda lei.

Ishi shimkhur mibingna church member katonga Vareli shitkasang manga eina arili machihanla ringa kaji theisera. Raikhame Varewui lukhamashanchi theida mi kachungkhana churchwui kathana, deacon, kala deaconess sangarokta lei.

Varewui pangshapva kazat kashi mang raikhami maningman. 1982 zingkumli Manmin Church haokaphok eina thuida seiha kasa eina siphan zingrot ngasam kahai maningkha shongfa theithui kahai, kazing hamkasawui eina muiyana ngamirut kahai hikathathahi kathei samphang chingda lei. Chancham sada July kala August alungli churchwui summer retreat sachinga. Hiwui atamli South Korea apam kachivali siphan zingrot rada kazing yang eina rolaga khikha kachungkha sakashiman atamna. Hili Manmin churchwui member bingla kazing maroranglaga changjee ngawut kashok kathei samphanga chinga.

Varewui pangshap hiya matakhak hai. Ina kakaza mi akhawui

vang seiha mavasamilala Awui pangshap kachitheiva mangasam mana. Pulpitwui eina seiha kasali mi kachungkhana kazat kharai samphangda Vareli masochikata. Saikorahi mibingna tape record khuida internetli broadcast sai kala smsla kachungkha sangaroka.

Otsak 19:11-12li ithumna samphanga, "Varena Paulli shichinlaga khangacha makashoka matakhak kahai sai. Ana shikachina romalla kala shannei kachonla kakazanao bingli khuivada kazat raimi, kala kameola athumwui eina shok-haowa." Hi ngaraicha eina ina kachi kathawui handkerchief atungli seiha sakhami einala mi kachungkha kharai samphangaroka.

Langmeida ina kakazapawui photoli pang parda seiha sakhami eina tangda kazat kharai samphanga. Ina overseaswui crusade kasa tharanli mi kachungkhana AIDS kazatla zangda kazat yur kachungkha ngalangda kharai samphangaroka.

Varewui pangshap Samkaphang

Hiwui kakhalatva Vareli shitkasang mi kachivana matakhak kahai pangshap sashaprala? Mi kachungkhana shitsangda Vareli khamor eina hangphatlala saikorana pangshap masamphang mara. Nathumna otsak eina khangayur shitkasang leida Varena "Na ili shitsanga" da kathei atam mangli Awui pangshapchi samphangki kajina.

Mi akhana shitkasang eina ngasoda church rakalaga message ranganai kajihi Varena ningkachangna. Kha raimi kashapwui pangshap samphang khavai Vare khipa khala, Jesuna khiwui vang huikhame sahao kaji, kala kazingram eina meifawui maramli theishingkhui phalungra. Hi kathei eina nathumna ning ngateida Jesuli huikhame sada kala Mangla Katharali khuisanglu. Chiwui eina nathumna Varewui nao ngasa haora. Hina shitkasangwui khare pheikarna.

Khamashung eina shitkasang binga otsak theipamama. Hithada Vareva ithumwui otsakli yangda ithumwui seiha ngahankami. Varewui pangshap samphang kahai binga shitkasangwui shakhi leipapama.

Shitkasangwui Otsak eina Vareli Ningyang Ungkhangasak

Hili Biblewui chancham kha lei. Rilak eina 2 Wungnao 5li kapi kahai Aram awungawui commander Naamanwui khararchana. Naamanna otsak khangayurwui shitkasang khalei eina maran Elishali shurda Varewui pangshap samphanga.

Naamanhi Aram wungramwui ngakheikhang kahai generalna. Naamanna leprosy kazat kaza kahai eina Elishali vai. Kha hiyakha chuikhamatai general Naamanna sina, gori kala aman kasaka kashan kachon khuiphungda Elishali samphang khavai khava tharan Elishna "Jordanli vada ngaphum shini shilu" da vahang khavai mi chihora sai (v. 10).

Rilak eina mathada masamphang khami vang Naaman

malung vatlaksai. Langmeida seiha sakhami mahutli Jordan kongli aravaithalo da pao hangrai. Kha Naamanna kahang nganatha haowa. Ana Elishawui tuichi mangana ngailala Varewui maranna chida kahang ngana khavai sai.

Hithada Naamanna Jordan kongli ngaphum tharukshi kasa eina awui kakazachi khikha khangachei matheimana. Kha ana ngaphum shinishi kasa tharan kakaza ahuibingchi manui-ungda charshi haowa (v. 14).

Tarahi manglawui kakhalatli Varewui tuina. Naamanna tarali ngaphum shinishi sada kazat kharai samkaphang kajihi Varewui tuili kahang nganada morei pheokhami kajina. Langmeida number shini hina mapung kapha numberna; hithada ngaphum shinishi kasa kajihi pheomichao haira kajiwui kakhalatna.

Hi ngaraicha eina Varena ithumwui kapo shami ngasakngai akha Naaman thada ning ngateichao haiphalungra. Kha ning khangatei kajihi "I yonghaira, ning ngateida lei" kaji tui himang mashapmana. Wuklung eina hangphatki kajina (Joel 2:13).

Langmeida nathumna ning ngateichao kahai eina morei masaluilaki kajina. Himangna moreiwui phakhochi sakhaishapra, khi khikha problem leilala yuikhui mamanda Varena kapopo shami mamanra.

Kakhaneli 1 Wungnao 3li Awunga Solomonna Vareli kachikat ot kasachi ithumna thei. Hiwui manga eina Solomonna otsak khangayurwui shitkasang chitheida awui seiha Varena ngahankami; laga Varena ningyang ungnahaida awui kapo mang maningla makapo eina tangda mida somi.

Solomanna thingthing kachikat ot kasahi Vareli hamkasang kachitheina. Kachikat ot kasa kachivali sa taithat chinga. Hithada thingthing kachikat ot kasa chili lupa kayakha zangsani khala phaningyanglu. Vareli hamkasang kachihi shitkasang maleikha masapai mana.

Solomonwui kachikatchi theida awui kapo thangmet mang maningla kashang khare kala khaya kakala ngarumsang miya. Hithada ali ngarai kacha awunga katei mashoklui mana.

Khanaowali Matthew 15hi nao ngalavali kameo zangkahai Syrian Phoeniciawui shanao akhawui khararchanna. Ana makhangachei wuklung eina anao ngalavali raimi khavai Jesuli vasamphanga. Kha sakchangda polala Jesuna "Nanao ngalavachi phahaora" da mahangmi mana. Khahithada hanga, "Naoshinaowui zat khuilaga fali horkhami mangacha mana" (v. 26). Shanaopava chili fali chancham sada kahangna. Shanao china shitkasang maleisakha tuichi shada malung vatkapaina. Kha ana shitsang haoda "Mashunga Proho, akhavawui zatneng tableli katachi fana zai" chida Jesuli ngahankai. Hi kasha eina Jesuna ningyang ungnahaida kameo kazanga naongalava chili raimi haowa.

Hithada ithumlila raimi ngasakngai akha shitkasang chithei phalungra. Kha kapopo khuisang mi khavaiwui shitkasang hikathahi leikhavai nathumna phasa eina tangda chikatki kachina.

Hithada Manmin Central Churchli Varewui pangshap manga eina handkerchief kala photowui tungli seiha sakhami eina tangda mibingna kazat kharai samphangaroka. Kha kakazapa china sakalak kahai maning akha a khaltana Varewui mangali raki kachina. Varewui pangshap hiya Awui tui nganada shitkasang manga eina samkaphangna. Kalikha Syrian Phoenician shanao pavawui naongalava thada kakazapa china kameo zangda ning vatkahai tharan shimkhurwui mibingna raki kachina.

Himang maningla shitkasangwui chancham kachungkhala khaleina. Mi akhana shitkasang manga eina ringkapha samkaphang kachungkha lei. Mark 11:24li Jesuna hanga, "Hiwui vang eina ina nathumli kahangna, seiha kasali nathumna kapopochi samphang hairada shitsanglu, chithakha samphanglakra." Nathumna khamashung shitkasang leikha atam kachivali ringkapha mangra. Kala nathumna hangphata Vareli kahang ngana akha Awui tui shurphalungra. Vareva kahor ngasahaokida nathumla kahor sakhavai hotna phalungra.

Varena otsak khangayur shitkasang khalei bingli ningyang ungda athumwui seiha ngahankami. Hithada nathumla Varena ningkachang shitkasang leila?

Hebrews 11:6li hithada kapihai, "Shitkasang maleila khipanakha Vareli ningyang maung ngasakrar mana, Vareli zangki kajebing chiya Vare lei, kala ali kapha mili saman mira kajihi shitsang phalungra."

Vareli shitkasang theishingkhui chaoda Ali ningyang ungasaklaga mirinli sokhami samphang khavai ina nathumwui vang Prohowui mingli seiha kasana!

Message 2
Proholi Shitkasang

Hebrews 12:1-2

Ithumwui vanga kuimareida shakhi kachungkha lei. Hapkakhano saikora kala ngathanshang ngathantada khalei moreiwui eina yamshokta ithumwui shongza khang kakhui chili makhunlak eina zatsa. Haokaphok eina thuilaga khanao eina tangda ithumna shitksangwui angayung kala peikhangasaka Jesuli yangchingsa. Ana krushli ngacheeda mayamana. Kha raki kaji khamathan chiwui vang krushli maishiri eina kathi chili khikha machakmi mana kala ara Varewui wungpam khong yashong pamda lei

Aruihon mi kachungkhana Jesu Christawui ming shada lei. Kha mi kachungkhana Jesu hina kathada huikhame sahao kala ali shitkasang eina khiwui vang huikhami samphanghao khala kaji matheimana. Kala vareshi kachungkhana hikatha hili mangahanka rarla leida lei. Hiwui kakhalatva mi kachungkhana manglawui apongli matheishing khuila vareshi sada lei kachina.

Chiwui vang eina Jesuna kathada ithumwui huikhame sahao kajihi theida ithumna Ali shitkasang eina khuisang akha Varewui pangshap kathei samphangra.

Kachi kathana Jesuhi kathara mi matiwui ngachaili akhana da hanga. Kachi kathana Ahi Vareshi haophok khamena kala kapha mi akhana da khuiya.

Kha Varewui nao sakahai mibinga Jesuhi mikumo saikorawui morei pheokhamiya kala huikhamena da hangshapa. Kathada Varewui Nao Mayara Jesu Christahi mikumoli chansampaira khala? Jesuwui atamlila Ali apong ngatateida yangkhara mi kachungkha leisai kaji ithumna thei.

Huikhame Kasa Akhavawui Nao Mayara

Matthew 16li sakhangatha bingli "Miwui nao mayarali mibingna khipanada hangkhala?" da ngahana (v. 13). Mibingna apong ngatateida ngahankaka theida athumna hithada ngahankai, "Kaikhana rahikmi Johnna ji, khangateina Elijahna ji, kala khangatei kaikhana Jeremiahna ji lah maram bingwui ngachaili akhara" (v. 14). Hithahaoda Jesuna athumli ngahana, "Kha nathumna ili khipana da phaningkhala?" (v. 15). Peterna "Na Christana, kharinga Varewui nao mayarana" (v. 16) da ngahankaka eina Jesuna ngahankai, "Johnwui naomayara Peter, na kala mahai, da ngahankai, 'kaja nali asa khavaiya kala ashee kazangana maningla kazingramli khaleiya ishavana phongkhamina" (v. 17). Jesuna apong kachungkha eina matakhak kahai ot kasa tharan Ahi Varewui nao mayara huikhamiya laka kajihi Peterna theihaowa.

Haokaphokli Varena chifa eina mikumo semkhuida Eden

Yamkuili chipama. Yamkui chili atheiyur kachungkha matheida Varena Adamli hanga, kala Proho Varena kasoda hanga, yamkui chiwui lungli khalei thingrong kajivawui athei shaipaira; kha kashi kapha theikhavai thingrongwui atheichi mashaipai mara, kaja nana chi shaithang thira" (Haokaphok 2:16-17).

Atam kasangkhawui thili Adam eina Eveli Satanna pharawui azak khuilaga rakasui eina Vareli ngakaishi ngasak haowa. Hithada anina naolak eina kashi kapha theikhavaiwui atheichi shaihaoda Eden yamkui chiwui eina kasham haowa. Hiwui eina Adam eina Evewui naongara bingla moreiwui khangachachi leiser haowa. Langmeida 'atheichi kashai tharan na thira' da Varena hangkahai athishurda aniwui naongara bingla katang makhavai kathi samphangser haowa.

Hina maram sada haokaphok eina thuida Varena Kasa Akhavawui Nao Mayara Jesu Christawui manga eina huikhamiwui shongfa ngaran kahaina. Otsak 4:12li "Chieina huikhamihi amangwui eina samphanga, kaja ithumli huimi khavai Varena mikahai okathuili A maningla khangatei akhala maleilak mana," da hangkahai thada mikumoli huimi khavai thotchanli katei maleimana.

Haokaphokwui eina thuida Varewui Khangaran Ngathum kahai

1 Corinthians 2:6-7li kapihai, "Chithalal manglawuili rarkahai bingli ina thangkhamei tui tamchithei. Kha thangkhamei tuichi okathuiwui maningmana lah shiman haoki kaji okathui khamunga bingwui pangshap wuila maningmana. Ina tamkachithei thangkhamei tuichi mikumona matheiva kharar Varewui kathuka thangkhamei ngasa salala okathui masaranglakha ithumli tekmatei ngasak khavai Varena ngaranping haikasana." 1 Corinthians 2:8-9 lila hithada hanghai, "Hi apuk apaka khamungabing khipanakha matheimana; athumna theisasi kaja tekhamateiya Proho chili masathat mara. Kha hithada kapihaida lei, 'Khipanakha mathei, mashalakrang kaji, khipanakha shokra da maphaninglak kasa, chi Varena ali leikashe bingwui vang ngaranmi kahaina.'" Haokaphokwui eina ngaran kahai huikhamiwui shongfahi Jesu Christawui krush china, hi Varewui ngathum kahai thangmetna.

Kasa akhava sahaoda ot katonga Varena yangsangda mungchinga. awunga maningkha president akhana ainli pheisin sada ngalei munga; companywui guidline athishurda executive officer akhana company yangsanga; kala shimkhurwui akhava china shimkhur yangsanga. Hithada sada Bibleli samkaphang ainwui athishurda Varena akhava sahaoda okathuiwui ot katongali yangsangda munga.

Manglawui ain athishurda 'Moreiwui saman kathina' da kha lei (Romans 6:23); hithada ithumli tandi sai kala moreiwui einala kanmi. Chiwui vang eina chipeena Adamli ngakaishi ngasakta morei sakahai chiwui eina kanmi khavai Varena ain ngaran hai.

Moreiwui eina kanmi khavai ainchi khikhala? Lam kankakhuiwui ain honkam eina haokaphokwui eina mikumoli ngatangkhui khavai shongfa semhaira kasana.

Lam Kankakhuiwui Aina Athishurda Jesus Christahi Qualify sai

Azingli hangkahai maram hiwui vang Varena Israelnao bingli lam kakakhuiwui ain mihai: lam akhahi yorchao maichipai mana. Mi akhana lam horhailaga chamhaida makan khuirar thuakha nganaimeithui kaji shimkhur mi akhana rangatangkhui phalungra (Pangmonshi 25:23-28).

Adamli mikahai pangshapchi chipeewui pangli shiman haora kaji Varena theiping hai. Kha apuk apakali khalei ot katongawui akhava sahaoda atam hunakhawui vang Varena pangshapchi chipeewui pangli thada horsang kahaina. Hi horzak eina Lukeli kapi kahai athishurda chipeena Jesuli rasuida hanga, "Ina nali pangshap kala tekhamatei saikorahi mira' da chipee china hanga. Hi ili mikahaina. Chieina ina mikhangaili mishapa, nana ili khorum akha saikorahi nawui sasera," (Luke 4:6-7).

Lam ngatang kakhuiwui ain athishurda ngalei katongahi Varewui pangli lei. Chiwui vang eina lam akhahi yorchao machipai mana kala yorhailala atam akhali shimkhurwui mi akhana rangatangkhui phalungra. Hi ngaraicha eina ot katongahi Varewui pangli leihaoda Adamna chipeewui pangli pangshapchi michao machipai mana. Hithada atam ungkashung eina pangshapchi ngatangkhui khavai kasa tharan chipee chinala mami mara kaji masapai mana.

Haokaphokwui eina thuida mashunwui Vare china ainwui athishurda morei makhalei Jesu Christali huikhamiwui shongfa semi khavai ngaran kazak kahaina.

Thakha lam ngatang kakhuiwui ain athishurda chipeewui pang eina Jesuna kathada pangshapchi ngatang khuihao khala? Azingwui qualification matihi Jesuna leihaoda moreiwui eina kanmi shapa, kala chipeewui eina pangshapla ngatangkhui shapa.

Khareli Ngatangkhamehi Adamwui Nganaimeithui kaji Mi Ngasa Phalungra

Pangmonshi 25:25li hanga, "Nachina akha chamhaida lui yorhai akha awui nganaimeikap kache china ngatangkhui phalungra." Nganaimeithui kaji shimkhur mi china lam ngatang kakhui thada Adamna shiman kahai pangshapchi awui nganaimeithui kaji mi china ngatangkhui phalungra. 1 Corinthians 15:21-22li kapihai, "Mi akhawui eina kathi kahohi shoka, chithada sada ringkhalui hila mi akhawui einana. Adamli ngasoda saikora kathi thada Christali ngarum kahaiwui vang saikora ringluira." Apong kateili hangsa chikha mi akhawui kahang makhangana manga eina mi saikorahi kathiwui alungli leihaoda ara mi akhawui ringkhalui manga chieina kharing kahohi khuira phalungra.

Jesu Christana "phasa khangasa tui china" okathuili rai (John 1:14). Ahi Varewui naona, mikumowui phasa phonda rapharai. Langmeida awui kapharahi shakhi kachungkha lei. Mataimeithuida Latin tui eina okathuiwui thotchanli "B.C." or "Before Christ" kala "A.D." or "Anno Domini" hiwui kakhalatva "Prohowui zingkum" da shichinda khalei hina. Jesu Christana phasa phonda okathuili rahaoda ana Adamwui nganaimeithui kaji shimkhur mi akha ngasai.

Kakhaneli Ngatangkhamehi Adamwui eina Khara Nao Mangasa phalung mara.

Mi akhana mi kateili moreiwui eina ngatangkhuira chikha ahi morei makasa mi ngasa phalungra. Adamwui naongara binga moreiwui naongara ngasathuiser kahaina. Chiwui vang eina lam ngatang kakhuiwui ain athishurda ngatangkhamehi Adamwui eina khara nao mangasa phalung mara.

Phongkhami 5:1-3li hanghai:

Chiwui thili, wungpamkhongli kapama china yapangli alungla ayarla ngaworthang kapilaga mahor shini namkahai lairik akha ina thei. Kala kapanga kazingrao akhana panglak eina kahang thai, 'Mahorhi khipana sakhaida lairik akhaluihi harshapra khala?' kazinglila okathuilila ngalei zingshonglila lairik-hi haishap kala yangshapa khipakha maleisa mana.

Hili "mahor shini namkahai lairik" kajihi Adamna morei sakahaiwui eina Vare kala chipee khaniwui mayakhangarokli hanga, kala lam ngatang kakhuiwui ain athishurda lairikchi harkashapa mi chiya matik kacha mi ngasa phalungra. Pao kazata Johnna mahorchi sakhaida lairik harkashapa mi ngashan khayang tharan khipakha masamphang thuwa.

Johnna kazingram yangkai kha kazingrao maningla mi katei maleisa thuwa. Ana okathuilila ngashan yanga kha Adamwui naongara mang ngasathui haowa. Okathuiwui mibing hiya meifali vaki kaji mimang ngasathui haowa. Hithada lam ngatang kakhuiwui ain athishurda khipakha masamphang thuda John chapama (v. 4).

Chiwui eina arar mi akhana ali rasuida hanga "Machap alu, yanglu Judah shangnaowui kazingkha Davidwui angayung china yuihaira kala ana lairik mahor shinichi sakhaai khavai kala lairikchi harshapa pangshap samphang haira" (v. 5). Hili "Judah shangnaowui kazingkha Davidwui angayung" kajihi Jesuli kahangna, Amangna lam ngatang kakhuiwui ain athishurda ngatang khame ngasa haowa.

Matthew 1:18-21wui eina Prohowui kaphara kapi hai:

Jesu Christali kapharachi hithada shoka. Ishamei awui ava Mary Josephli khamhaisai, kha ani mangakum ranglakha Mangla Katharawui pangshap eina ali nao vaingasak haira kaji theihaowa. Agahara Joseph mashun mi ngasahaida Maryli makhanyak ngasakngai thuda ngathum sada ali panghaorada khangaran sai. Kha ana hiwui pongli machukta leilakha, yanglu, Prohowui kazingrao akhana awui mangshongli rahanga, 'Davidwui naomayara Joseph, Maryli napreiva sakhavai khuikida mangacheelu, kaja ana vaida khaleichi Mangla Katharawui pangshap einana. Ana nao mayara akha phara, nana awui ming Jesu phokra, kaja ana awui miyurli athumwui moreiwui eina huikhuira."

Varewui nao Jesu Christana phasa phonda okathuili khara (John 1:14) kala khamachinva Marywui naopamli vaikakhui kaji hiwui khamataiya marama lam ngatang kakhuiwui ain athishurda ngatangkhame hiya Adamwui eina khara nao mangasa phalung mara kajina.

Kakathumali Ngatangkhame Hiya Pangshap leiphalungra.

Agato akhana chamhaida lam yorkahai tharan ameipana ngatangkhura chihaosa. Hili ameipahi matik kacha mi ngasa phalungra (Pangmonshi 25:26). Ana agatopa thada leiman kazanga mi akha mangasa phalung mara.

Hi ngaraicha eina morei kaphunga mi akhali khangaronga mi on-ngasakra chikha matik kacha pangshap leiphalungra. Hili lam ngatang kakhuiwui pangshap kajihi moreiwui eina ngatang kakhuiwui pangshap chili chansam sai. Hithada lam ngatang kakhuiwui pangshap hina kachitheiva mikumo saikorali ngatang khamiwui pangshap-hi morei makhalei ngasa phalungra kajina.

Jesu Christava Adamwui eina khara nao maningthuda morei maleimana. Kala Ava zingkum 33 raokathuili morei masalak mana. Ali kapharawui eina kachishat thang ahui rimshokmi, kala ana nganuilakhawui eina ava avāli kahang nganada ningkhamila mayonsera.

Chiwui vang eina Hebrews 7:26li kapihai, "Chiwui vang eina ithumwui ningkachang ungshung khavai pangmon kharechi Jesuna. A katharana; ali khayon kala morei maleimana, morei kaphung bingwui eina ngateimi haida kazingram atungshung khuika haira." 1 Peter 2:22-23 lila kapihai, "[Jesu]na morei masamana kala kakapik tui khamatui khipanakha masha mana. Ali kachipat chitharan ana kachipat tui eina mangahanka mana; ana kachot chitharan mamachip mana, kha khamashung bichar sami Vare chili awui kachihan leichinga."

Khamateli Ngatangkhame Hiya Leishithei Phalungra.

Lam ngatang kakhuiwui ain athishurda leikashi kajihi matailaka. Leikashi mazangla ameipa china agatopawui lamchi mangatang khuirar mana. Ameipa china shanglaklala agatoli maleishi akha awui lamchi mangatang khuimirar mara. Ameipawui lanchi agatopawui vang khi ngasahao khala?

Ruth 4hi Ruthwui aniva Naomiwui maramli mathada kathei Boazwui khararchanna. Naomiwui shimluikatchi ngatangkhui khavai Boazna kahang tharan ngatangkhui miranpa china ngahankai, "Shimluikat pana, 'Chithakha I makhuirar mara, kaja iwui shimluili sazaki kaji leili. I masapaithu kada iwui vang na khuihaolu' da hanhaowa'" (v. 6). Chiwui eina Boazna leikashi manga eina lamchi ngatangkhuimi. Hithada Davidwui naongara akha sada Boazna sokhami kachungkha samphang haowa.

Phasa phonkhuida okathuili khara Jesu Christava Adamwui eina khara nao maningthuda morei malei mana. Aliya Mangla

Kathara manga eina vaikakhuina. Hina maram sada Ava ngatangkhame sakida matik chalaka. Kha Jesuli leikashi malei akha krushli mathimirar mara. Kha ali leikashi pemtha haoda huikhami shongfa shomi khavai ashee shokmi. Hi Avā Varewui khamorna mahang kharar leikashi china, Ana Anao Mayarali huikhamiwui vang phaphayami.

Thingtungli Jesuli Kakhangayui Maram

Khiwui vang eina Jesuli krush tungli ngayuihao khala? Hi azingli hangkahai manglawui ain ungshung khavaina: "Kha ithumwui vang khonshi kahai akha sada Christana ithumli ainwui khonshat eina ngatangmi haira. Kaja hithada kapihaida lei; ' Thingtungli kathi A chi Varewui khonshat lungli lei'" (Galatians 3:13). Ithumwui mahut sada moreiwui eina ngatang khuimi khavai Jesuna krush tungli thimi.

Pangmonshi 17:11li kapihai, "Khikhala jila phasawui ringkhavai asheeli lei. Kala nathumwui mangla pheomi khavai ina hanphut tungli mikahaina, kaja kharing khaleiwui vang ashee eina morei pheokapaina." Hebrews 9:22 lila hanga, "Ainwui athishurda ashee eina tharmi ngasaksa papama; kala ashee takhami maningla morei mapheomipai mana." Ashee hiya mirinna, ashee mazangla mapheomipai mana. Hithada ithum mirin samphang khavai Jesuna awui aman makhavai ashee shokmi.

Langmeida ana krush tungli kachot kachang khangkhami manga eina shitkasanga mi saikorana kazat kashi kala kacham khangai malei mana. Jesuna okathuili chamlak eina raokathui eina kacham khangai rakhuithuimi kahaina. Jesuna kachot kachang khangkhami manga eina ithumna kazat kashi masamphang mana. Ana kashatwui kuihon khangahon manga eina ithumna ningli morei sakahai saikorachi ngavakata samphanga. Awui pheipangli yotpi shaokashan manga ithumwui pheipangna morei sakahai saikora ngavakata samphanga.

Proholi Shitkasang kajihi Khamashungli Kazang Kajina

Mibingna krushwui maramchi mathada theishing khuilaga shitsang akha moreiwui eina mai ngareithuida Varewui kaphaning athishurda okthuishapa. Jesuna John 14:23 "Kachi kathana ili leishi akha iwui tui khuisang phalungra. Ishavana ali leishira, kala ishava inina awuili rada rangarumra," da hangkahai thada athumna sokhami samphangra.

Thakha Proholi shitsangda seiha kasa mibingna kathada kachot kachang samphangluihao khala? Hi athumna shitsanga chilala Varena athumli shitkasanga mina da makhui khamiwui vangna. Athumna Varewui tui shachinglala moreiwui eina ngareithuida khamashung chili mazangmana.

Chancham sada Jesuli zangda ningkhami makhamayon mashan kharar mi kachungkha lei. Athumna Prohowui zimiksho kathar eina mayonlu kajila thei. Kha athumna Prohowui zimiksholi ngathorwui service mang razanga or meeting makalak kajila shokta sakhangagnai otli kachang sathui haowa. Athumna tithela mira kajila thei, kha pheisali ngamarhaida mamirar mana. Varena tithe mami akha lupa khangapona da hanghailaga tithe mami akha athumna kathada sokhami samphangpaira khala (Malachi 3:8)?

Mibingwui khayon khamang mapheomi kharar mi lei. Athumna makapha chiwui athishurda makapha runmingai. Athumna khikhawui vang tuingashit sachinga kala tuingashit bingchi kakaila kaichinga. Hithakha athumli khamashungwui shitkasangchi kathada leipaira khala?

Ithumna shitsang kachangkhat akha morei kaphunga bingwui vang Prohona mirin chikat khami thada makapha chiwui vang makapha maphaningla kapha sakhavai mang phangingshapra. Hikatha mibingna athumli makapha salala leikashi eina pheomi shapa kala mi kateiwui vang mirin chikatmi shapa.

Malung khavat hili yuikhuishap-hai akha khamshung chili zangda kapha tuimang matuira. Nathumna Vareli rida complain sakahai leilala khamashung shitkasang khalei manga eina ningkashi phongshok shapra kala mibingli lumashan kathei mi sashapra.

Ithumna Proholi shitsang kachangkhat akha A thada mirin ngacheichao haora. Hi Varena seiha ngahanka mida sokhami manga eina kashok ngasara.

Hebrews 12:1-2li kapihai:

Ithumwui vanga kuimareida shakhi kachungkha lei. Hapkakhano saikora kala ngathanshang ngathantada khalei moreiwui eina yamshokta ithumwui shongza khangakhui chili makhunlak eina zatsa. Haokaphok eina thuilaga khanao eina tangda ithumna shitkasangwui angayung kala peikhangasak Jesuli yangchingsa. Ana krushli ngacheeda mayamana, kha raki kaji khamathan chiwui vang krushli maishiri eina kathi chili khikha machakmi mana kala ara Varewui wungpamkhong yashong pamda lei.

Bibleli samkaphang awo ayibingwui shitksang mang maningla ithumwui ngachailila shitkasang leichaoda huikhami kala sokhami samkaphang mi kachungkha leida lei.

Ithumla shitkasang leichaosa. Ithumli hapkakhano kala

morei khalei saikorachi horhaida Proho thakhavai sasa. Hithakha John 15:7li "Nathumna ili zangda iwui tuila nathumli leiakha nathumna ningkachang kapopochi samphangra," da Jesuna tuingashit sakahaichi ithum kachivana samphangra.

Nathumna hikatha mirinli maokthuila leikha ning ngateida Proholi shitsang khavai salu. Chitha akha kharing mirin kharing samphangra.

Nathum kajivana khamashungwui shitkasang leichaoda Varewui pangshap samphanglaga Ali tekmateiranu, kala nathumwui kapopo saikora Ana shamiranu kajihi ina Prohowui mingli seiha kasana!

Message 3
Aman kasak Ngalungli Langkhamei Khorkhong

2 Timothy 2:20-21

Shim kahaka akhali lupasa eina sinawui khorkhong mang maleimana, kha ngaleiwuila, thingwuila lei kala kaikhava saklak eina shichin khavai, khangatei kaikhava icham chamlak eina shichina. Kachikatha mina makaphawui eina a khalata tharngasak-hai akha kasaka otwui vang shichinra, kaja khamatha ot sakhavai awui akhavali chikat kahaina

Leikashi alungli ringarum khavai Varena mikumoli semkhuiya. Kha mikumona morei sakahai eina ali semkakhuiwui ningrinchi shimanda Satanwui pangli tazang haowa. (Romans 3:23). Thalala leikashi Vare china khamashung naongara semkhui khavaiwui ningrinchi shiman kahai masamana. Ana moreiwui alungli huikhamiwui shongfa shomi. Awui akhamang kaji Nao Mayarachi mikumoli moreiwui eina ngatang khuimi khavai krushli rathimi ngasaka.

Hikatha chikat kashapwui leikashi manga hieina Jesu Christali shitkasang mi kachivana huikhami samphangra. Hithada Jesu Christana thihailaga chikhurwui eina ringshokluiya kala Jesuhi huikhamiyana da khamor eina hangkashap mi kachiva Varewui naongara ngasara.

Varewui Khaluma Naongara bingna Khorkhong Kathana

2 Timothy 2:20-21li, "Shim kahaka akhali lupasa eina sinawui khorkhong mang maleimana, kha ngaleiwuila, thingwuila lei kala kaikhava saklak eina shichin khavai, khangatei kaikhava icham chamlak eina shichina. Kachikatha mina makaphawui eina a khalata tharngasak-hai akha kasaka otwui vang shichinra, kaja khamatha ot sakhavai awui akhavali chikat kahaina" da kapi kahai thada khorkhong hiya khikha ot sangvai. Hithada Varena leikashi, lukhamashan, khamashung kala pangshap sangmingai haida Awui naongara bingli khorkhong katha sangasak ngaiya. Chiwui vang eina ithumna ngaran kahai khorkhong chiwui athishurda Varena khami sokhami kayakha samphang paira khala kaji ithumna theiphalungra.

Thakha Varena khami sokhami katong samphang kapai khorkhongchi kathakhala? Chikatha khorkhong chiya Varewui miktali ningyang khaunga saphalungra.

Rimeithuida aman kasaka khorkhong katha hiya Varena khami ot katonga sakashapa mi china. Proho Jesuwui shongfa semkhamiya rahikmi John kala Israelnao bingli Egypt ngaleiwui eina thankashok Moses anihi hikatha khorkhong ngasai.

Mathangli khamashunga khorkhong katha hiya ning kathar, khamashung khangarong, ning makhangachei kala shitsang kapai magun khalei mibingna. Ngalei akhawui Prime Minister sakasa Joseph kala Daniel ani khanihi hikatha khorkhong kathana.

Khanaowali khamatha khorkhong hiya mili mangayat kazat khangkatheibing hina. Ramnao bingli ngatang kakhui Esther kala Varewui ngastonao sakahai Abraham ani khanina hikatha khorkhong ngasai.

Jewelli mathakhamei khorkhong chiya Varewui miktali ningyang ungkapai qualification khalei bingna. Malung vatkazar mibing hiya theipai laka. Hithada Varena ningkachang mibing hiya jewel kathali langkhamei mi ngasa phalungra.

Jewel binghi sizeli yangkha aman sakshuna, kha athumwui

kahor kala kahing china mili ningchang ngasaka. Thalala kahing ngalung katongahi jewel maning mana. Kashenga jewel hiya horlaka kala maralaka. Awui khamarar hina kasa (heat) kathali ngakvai kala ngalung kateina mamakhao ngasakrar mana. Awui khamataiya maram akha chiva tanglak eina samphanga.

Hithada ithumna khamarar kala khamatha khorkhong leikha kayakha aman sakmataira khala? Varena Awui naongara bingli jewelli langkhamei khorkhong katha ngasa ngasakngai. Hikatha khorkhong kathei tharan Varena ningyang ungda Awui leikashi heisang mida pemtha ngasaka.

Varewui miktali jewelli langkhamei khorkhong katha kathada ngasa ngasakpaira khala?

Khareli Varewui tui manga eina nathumwui wuklung tharmatheng phalungra.

Khorkhong akhali shichin phalungra chikha samatha kazakhai phlungra. Khamakhao kahai akha aman kasaka khorkhong akhana chilala mashichinpai mana. Samatha kazak kahaiwui thimangli shikachina.

Varewui naongara binga hieina ngarai. Awui naongara bingwui vang lemmet, sokhami kala phasa kapha hikathahi ngaranmi kahaina. Hikathahi samphangpai khavai rimeithuida ithum kathara khorkhong akha ngasa khavai ngaran kazak-hai phalungra.

Jeremiah 17:9li hanga, "Ninghi zakshimeikapa, khamshung maleilak mana; khipanakha matheirar mana." Matthew 15:18-19 lila Jesuna hanghai, Khamorwui eina kashokchi wuklung eina kashokna, chieina mili makhao ngasaka. Kaja wuklungwui eina makapha kaphaning, shaokathat, phokapha, shamkasa, khalee kasha makhamashung shakhi khami kala khamashat shoka." Hithada sada ithumna tharkahaiwui thili kathara khorkhong ngasapai. Sakhashi samatha kahai khorkhong chiya makathar maleiluipai mana kajihi ithumna thei.

Ithumwui wuklung samathakida manglawui tara Varewui tui

manga. Chiwui vang eina Ana Ephesians 5:26li hanga, tarali pheomatha kahaiwui thili Ana Awui tui chieina Churchi tharchikat khavaina da hangmazina kala Hebrews 10:22li hanga "chieina shitsang chaoda ning kathar eina kaja khayonli mazang khavai tharmi kahai ning chieina, kala phalasa ravai haida ithum Vareli nganaimeisa."

Kathada manglawui tara Varewui tui china samatha khala? Biblewui lairik hangtharukta tharukli samkaphang ningkhami ayur katongachi mayon phalungra. Chibingchi khamayon eina moreiwui ot katonga shiman haoki kajina.

Awui tui manga eina wuklung tharmatheng kahaibing chiya Christawui kahor samphangpai. Kha khalatawui pangshap eina Awui tui mayonki kaji maningmana, Mangla Katharana thanda ngachonki kajina.

Awui tui chili nganada wuklung sholaga Jesuli khuikasang eina Varena Mangla Kathara lemmet sada mi. Jesuli hukhamiya sada khuisangkahai bingli Manglana thanmi. Kathara tuina hanga, "Phasana kapharachi phasana kala Mangla kapharachi manglana" (John 3:6). Varewui naobinga thangkachida Mangla Katharana thanmida manglawui nao ngasaya.

Ningkhami bingchi kathada mayonsi khala da kakhanang mi leila? 1 John 5:2-3li hanghai, "Varewui naongarali leikashihi Vareli leishida Awui kahang khanganana da theikhui. Vareli leikashiwui vang Awui ningkhami khamyona, kala Awui ningkhami ritna kahai maleimana." Wuklung eina nathumna Vareli leishichao akha Awui ningkhami mayonkida masakmana.

Nao pharata khaleoda ava avā bingna ana kashiman, phahon kachon ngavai khami, kala ravai khami hikatha thahi sami. Apong akhali ava avābing china nao chili khalatawui naona machi akha athumna sakhami katongachi chotlak eina sakhuira. Kha khalatawui naoli sakhamina kaji hiya chotna kahai maleimana. Ngaya sailungli nao china thuichap-hailala ningkharak masala yangsangmi shapa. Khaluma mi akhali khikha sakhami hiya ringphalaka. Hi ngaraicha eina ithumli leikashi vang Varena Awui Nao Mayarali krush tungli rathimi ngasak akha khisada ithumna Vareli maleishimara khala? Ithumna Vareli leishi akha Awui tuili ringkida masakmana. Kha ithumna tui chiwui athishurda makharing vang khanang thara.

Ishachona Varewui kathara hanphutli mathanva ranglaga eina tangda zingkum shini shikha I kazada leisai. Manglawui mei kala raikhamichi ina samphang khaleoda hanphutli khukti kasang eina Vareli samphanga. Hi April 17, 1974 zingkumlina. Chiwui eina I meeting kaphok haowa. Chikumwui November kachangli khare sada ina revival meetingli vazangda Christali kazangwui mirinchi vatamkhui:

'Ah, Varehi hithalama!'
'Iwui morei bingchi horhai phalungra.'
'Ina shitkasang tharan hithada rashoka!'
'I meikhari sheisai kala zamla mangsai.'
'Atam kachivali seiha sahaoki kajili tai.'
'Tithe mi phalungra, kala Varewui mangali khamasai eina mava phalungmara.'

Hapta peichaoda iwui wuklungli "Amen' Kaji tuimang hangaiya.

Revival meeting chiwui thiliya meikhari eina zam mashei mamanglui mana, laga ningkashi eina tithela miching haowa. Kala ngathor kachivali ina seiha sada seiha kasa mi akha ngasa haowa. Ina tamkhui kahai horzak eina ina sada Biblela mathada pahaowa.

Okathuiwui ari arai mashailakla Varewui pangshap manga eina iwui kazat kashi katonga raimi haowa. Chiwui vang eina Biblewui verse kala chapter kachiva ina shitsang shapa. Kha ina vareshi sathathar sahaoda kathara tui kaikha phap matakharar smaphanga. Kha ina kathei ningkhami bingchi mayontita. Chancham sada Bibleli 'makapiklu kakapik-hi moreina' da hangkahai athishurda ina makapik mana. Laga kakapikwui ningai katongahi maleilui khavai ina seiha sai. Ina mili kapik haowa kaji maningmana, kha kapikta maokthui khavai ina sakchangda seiha sachinga.

Mi kachungkhana kapikta okthuiya, kha athumna chi matheimana. Kachi katha nathumna maningkachang mi akhana phone sakhara atamli naongara, ngasotnao kala otsakruma bingli maleimanada hangasaka. Mi kaikhava acham kapha eina ngasoda kapik kazatla lei. Chancham sada mibingli yaothui khava tharan khikha shaikhavai kala mangkhavai khuikhami tharan 'I rida khikha shaihaira' chikhaningda mibingli machangna ngasakla kakapikla ngavai. Kha hikatha hila maphamana kaji theida hikathahi mibingli masazat khavai ina sakchangda seiha sai.

Langmeida ina makapha sakahai kala kapik kahai saikora masalui khavai kapikhuiya. Hithada ina masaluimara kajibingchi kahunga muk (ink) eina makharda cross sahai. Ina mahorhai kharar otbing chiwui vanga kakhum eina seiha sai. Kathumthang kakhum eina seiha salaga hilaka kaji matheirarthu akha zimiksho phangathang eina tangda khumda seiha savai. Chili eina tangda iwui ninghi yui-ung yuihaikha shinithang eina tangda kakhum eina seiha sapama. Kha chungkhamei atamli hapta akha kashungda kakhumva maleimana, kathumthangwui alungli ina makapha ot masaluimara kaji bingchi sashap haowa. Hithada ina makapha otbingchi horhai maman I kathara khorkhong akha katha ngasaman haowa.

Ina Proholi samphangda zingkum kathumwui thili Vareli kahang nganada makapha horser hailaga Awui miktali kapha khorkhong akha ngasa haowa. Langmeida 'salu', 'masalu' kala 'mayonlu' kaji ningkhami katonga ina mayonda hunakhawui lungli kahang khangana mi akha ngasathui haowa. Hithada ina kapha khorkhong katha ngasa kahai eina Varena somi kachangkhata. Ishi shimkhurwui mi katonga phasala phaser haowa. Kala phasa kala mangla khaniniwui sokhami samphangda leimanla runshapser haowa. Hi azingli hangkahai Bibleli ngashit kahaiwui vangna: "Chiwui vang eina leikashebing, ithumwui mashun makhuina makhamaya malei akha Varewui miktali ithum lungkasan lei. Awui kahang nganada Ali ningyang ungkhangasak wui vang ithhumna kapopochi Awui eina samphanga" (1 John 3:21-22).

Kakhaneli jewelwui khorkhongli mathakhamei khorkhong

ngasara chikha nathum Manglawui mei eina samatha phalungra.

Ithumna shichinda khalei aman kasaka chahi (necklace) atam akhaliya matharsa mana. Kha refine samaman kaji eina kahinga ot akha ngasathui kahaina.

Ngalunghi mei eina refine samaman kala shape samaman kaji eina aman kasak ot onthui kahaina. Hi ngaraicha eina Varena Awui naongara semkhuida mangla kala phasa khaniniwui apongli somi. Varewui naongara bingna makapha makasahi khangasheila thara. Hi deciplinewui processna, hiwui thili machu khamatha thada onhaoki kajina. 1 Peter 2:19li hanga, "Nathumna maphung khangayi kachot kachangchi Varewui kaphaningnada theilaga phungshap akha nathumli Varena somira." Kala ithumna hithada kapala samphanga "hiwui khangaran hiya nathumwui shitkasang akachangachi phongshok khavaina. Shiman kapai sinali meili ruikhayang thada sakmeikhar kaji nathumwui shitkasangla chang yangphalungra, chi nathumwui shitksang ngatarmei khavaina. Chiwui thili Jesu Christali rachithei thanghon nathumna masot, tekhamatei kala mai khaya samphangra" (1 Peter 1:7).

Varewui naongara bingna makapha horser haida kapha khorkhong katha ngasa hailala jewel kathawui khorkhongli mathameida shoklui khavai Varena discipline sai. Chiwui eina 1 John 1:5li Vare hiya kahorna, Awuili tangkhamang maleimana," da hangkahai thada Varehiya hormatailak haoda Awui naongara binglila horngasak ngaiya.

Hithada sada Varena khamaya kachot kachang kala chang khayang saikora nathumna yuikhui kahai tharan kapha khorkhong katha ngasahaoki kajina. Manglawui kahor alungli kazatwui athishurda manglawui pangshapla ngatateida samphangra. Hithada nathumli manglawui kahorchi kathei tharan makapha chipeewui pamkhavai apam maleimara.

Mark 9hi avāva akhana anaoli raimilu da Jesuli rapoda Jesuna makapha mangla kasham kashokwui maramna. Jesuna makapha mangla chili kaharda hanga, "Khangasha kala khangakhoka kameo, ina kakasona, awui eina shok-ulu kala marazangluilak alu" (v. 25). Mangla china nao mayara chiwui eina thuihaoda kazat raihaowa. Jesuwui sakhangatha bingna nao akhawui eina makapha mangla makashamshok khararwui maramla akha lei. Hi sakhangatha bingwui mangla kahor level eina Jesuwui mangla kahor level ngateingarok kahai vangna.

Thakha ithumnala Jesuwui mangla kahor levelchi kathada samphangpaira khala? Chiya Vareli shitsangda kasui katonga yuikashapa mi akha ngasa phalungra. Makapha chili kapha eina yuikhuira kala yangkashiyali eina tangda leishishap phalungra. Hithada nathumwui kapha, leikashi, kala khamashung khangarongchi sina kasheng thada sheng kachangkhat haikha nathumnala makapha manglali kashamshok shapra kala kazat kashi eina tangda raimi shapra.

Jewelwui khorkhongli mathakhamei khorkhong khangasa eina sokhami

Zingkum kasangkha ina shitkasangwui shongfali

zatmamanda mashan kharara kasui kala chang khayang samphanga. Chancham sada khare kumli television programwui maramli ili khayon phenda kachot kachang kachungkha samphanga, chili I thinaikhaya. Chili ngasotnao kala nganailak eina ringarumkasa athum bingnala ili khayon phenhaowa.

Okathui mikumo shong liya ihi yonpailak kaji thada theihaoda Manmin church member katonga kachot kachang samphangser haowa. Thala ithumna makapha chili kapha eina yuikhui mamanda Varewui pangli horsangser haowa. Chili athumli pheomi khavai ithumna Vareli pomi.

Langmeida ili nothada thuihailaga churchli kachot kachang milala athum khipakhali ina mayang khangai masamana. Hikatha kasuiwui kachot kachang atamli ina Vareli shitsangda Anala ili leishilaka. Hina makapha kasa tharan ina kapha kala leikashi eina yuikakhuihi. Katamnao akhana kachungkha hotnada exam kasali meritorious reward samkaphang thada iwui shitkasang kala kapha kasahi Varena kathei tharan matakhak kahai ot eina ot sashap khavai pangshap samphanga.

Kachot kachang bingchi yuikhui kahaiwui thili world mission kupsang khavai Ana khamong shomi. Varena ot sada mi thing thingwui kala millionwui world revival crusadela sangasakta matakhak kahai pangshap kachungkha katheila samphanga.

Ithumli kuinam khami Varewui kahorchi okathuiwui jewel kahorli mathameikhara. Hithada Awui kahorna kuikhanam naongara bingli jewelwui khorkhongli mathakhamei khorkhong kathana da Varena shankhuimi.

Hithada sada nathum kathak eina tharmatheng khuilaga kasui kala chang khayangwui kachot kachangchi yuikhui mamanda jewel khorkhongli mathakhamei khorkhong avava khangasa eina ngasoda Varewui sokhami samphang khavai ina Proho Jesu Christawui mingli seiha kasana!

Message 4
Kahor

1 John 1:5

Anao Mayrawui eina samkaphang paokapha nathumli kahang hina, kaja Varehi kahorna, chieina awuili tangkhamang maleimana

Kahor ayur kachungkha lei, kala kahor kachivawui khamatha leisera. Mataimeikapta kahor china tangkhamangli hormi, phasa lumngasaka kala aka akai kala fungi katha thingasaka. Thingna raha bingna kahorwui manga eina photosynthesis samphangda ringa.

Kha pang eina saza kapai okathuiwui kahor kala masaza kapai manglawui kahor khanihi lei kaji ithumna thei. Okathuiwui kahor ayur kachungkha khalei thada manglawui kahorla leida athumwui pangshap ngatateida leingaroka. Ngayashongli kahor khara tharan ngalangda tangkhamang thuiser haowa.

Hi ngaraicha eina manglawui kahor china ithumwui mirinli horkhami chitharan manglawui tangkhamangchi thuiser haida Varewui leikashi kala lukhamashan alungli ithumna okthuishapa. Manglawui tangkhamang hina kazatyur kala shimkhurli problem katongawui angayung ngasathui haoda chi leikashi tharan ithumna tacham taram eina maokthuipai mana. Kha manglawui kahorna ithumwui mirinli horkhami tharan kahaka problem eina tangda ithumna khayui samphang ngasaka.

Manglawui Kahor

Manglawui kahorchi kathakhala kala kathada ot sakhala? Hi ithumna 1 John 1:5li "Varehi kahorna, Awuili tangkhamang maleimna," kala John 1:1, "tuichi Vare ngasa sai" da kapi kahai tui hili pheisin sai. Kahor kajihi Vare mangli matheivai mana kha Awui tui, khamashung, kapha kala leikashi hibing hilila theivai. Khi khikha masemranglaga Vare amang leisai. Kha kahor eina akhon khangarum eina apuk apaka shok-haowa. Hithada kahor china apuk apakali kuinamda hormi haowa.

Kahor kala akhon sada leikasa Vare china khamashunga naongara phashok khavai ngaranpinghai. Chiwui vang eina Awui zakyuichi akhum kathum (Trinity) shokta Awui zakyui eina mikumoli semkhui. Thalala Ava kahor eina akhon chichinga, arui eina tangda kahor kala akhon manga eina Ana ot sai. Ana mikumowui asak avat khuilala kahor kala akhonwui pangshap chiya leichinga.

Varewui pangshap chimang maningla Awui leikashi, khamashung khangarong kala kapha saikorahi manglawui kahor sera. Biblewui lairik hangtharukta tharuk-hi lairik eina kapi kashok manglawui kahor sera. Apong kateili hangsa chikha kahor kajihi Bibleli kapi kahai kapha, khamashung khangarong, leikashi, seiha kasa, Prohowui zimiksho khamayon, kala Ningkhami Thara khamayon hikathathali theivai.

Vareli Samphang khavai Kahor Alungli Kharing

Okathuiwui kahorli Varewui kahorna munga, kha Satanna tangkhamangli munga. Langmeida Satanna Vareli makhamaya eina tangkhamang okathuiwui mibingna Vareli masamphangrar mana. Chiwui vang eina Vareli samphangshap khavai tangkhamangwui eina yamshokta kahor alungli zangphalungra.

Bibleli ithumna "Salu" kaji ningkhami samphanga. Hi "Akha eina akha leishi ngaroklu", "Otram ngathami ngaroklu", "Seiha salu", "Ningshitheilu" kaji hikathatha hina. Kala "Prohowui zimiksho mayonlu", "Ningkhami Thara Mayonlu", "Varewui kakaso nganalu", kaji hikathathala lei. "Masalu" kaji ningkhamiwui azingli "makapiklu", "mayangkharing ngaroklu", "Khalatawui vang mang maphahailu", "Meomali makhorum alu", "Miwui ot malilu", "Mili mayuishilu", kala "Makaram alu", kaji hikatha thala lei. "Horhaolu" kajiwui ningkhamila lei. Chiya kakharam, yuikashi kala makapha saikora horhaolu da kasohai.

Apong akhali hangsa chikha hikatha Varewui ningkhami khamayonhi kahor alungli okathui kala Proho eina Avā Vareli khanganai kathana. Lakhasong hangsa chikha Ana salu kajichi masathu akha nathum tangkhamang alungli okthuichingda lei. Chiwui vang eina Vareli ngakaikashi kaji hiya Satanna khamung okathuili leifaya kajina. Ithum Awui tui athishurda kahor alungli okthui phalungra.

Kahor Alungli Okthuida Vareli Khangarum

1 John 1:7li "Kha ishameiwui thada ithumla kahorli okthui akha ithum akha eina akha ngashik ngaroka," da kapi kahai thada ithumna kahor alungli kharing manga mang eina Vareli ngarum shapa.

Avā eina anao ngara khangarum thada ithumla mangla saikorawui Ava Vareli ngarum phalungra. Kha Ali khangarum leikida moreiwui eina ngareithuida kahor alungli zangphalungra. Hiwui vang eina "Ithumna ali ngarumsak leida hanglaga tangkhamang lungli lei akha, tuimangli maningla otsaklila ithum kakapikna" (1 John 1:6) da kapi kahaina.

"Khangarum" kajihi apong akhamang maningmana. Thada nathumna mi akhali theingarok haowa kaji eina khangarum kajihi maleipaimana. Mi khanini china mathada theingaroklaga shitsang khangarok kala chihan khangarok eina khangarum kajihi kashokna.

Chancham sada nathumwui awunga kala presidentli theisera chihaosa. Nathumna president chili mathada theisalala ana nathumli matheimi akha khangarum kajihi maleipai mana. Khangarum kaji hili kathuka ningpam lei. Mi khanina mathada theikhangarok eina khi khikha kathuka khararchan pheingrumlaga khangarum kajihi khuirai.

Vareli khangarum khalei chila hieina ngaraiya. Vareli khamashunga khangarum leikida Ana ithumli mathada theiphalungra. Hithada ithumna Ali mathada khangarum khalei tharan khangazan kala kakaza kaho maleimara, kala ithumna seiha salaga mangahankami mana kaji maleimara. Varena ithumli kapha mang samingai haoda Vareli kahang khangana tharan ithumli somira, mili mapoza mara, kala akui sangasakra, akhamei masangasak mara chida Khalatluili kapi kahaina.

Vareli Khangarum Khalei Shitkasanga Awo Ayibing

"Iwui kaphaning eina ngarai kacha" (Otsak 13:22) kasa Davidna Vareli kachi katha ngarumsak leihao khala? Davidna atam kachivali Vareli leishi, ngachee kala chihantita. Ana Saulwui eina yamkazat kala raili khava tharan nao akhana avavawui kaphaning ngahan kakhui thada "I varala?" or "I kachishong vara khala?" da Vareli ngahan chinga. Langmeikharda Varenala Davidli ngahankami chingda ana rai mathang mathang khayui samphanga (2 Samuel 5:19-25).

Awui shitkasang manga eina Davidna Vareli ngarumsak mapung phalak eina semkhui. Chancham sada Awunga Saulna mungphok khareli Phillistinena Israelli rai ratai. Phillistineli Goliathna thanda ralaga Israelwui raimi kala Vareli ramanashi. Thalala Israelwui mi khipakhana Goliathli mangahankarar mana. Hili Davidna nganuilak eina leisalala khikha khutlai makhuiphungla awui khalei shairongtha chimang khuiphungda raihi Varewui pangli khalei chida shitsanglaga Goliathli vangararthui haowa God (1 Samuel 17). Hili Varena ot sada shairong atha china Goliathwui khaveili thamza haowa. Hithada Goliath thikahai eina Israelnaona raichi yuikhui haowa.

Makhangachei shitkasang khalei manga eina Varena Iwui wuklungna khamaya mina da khuimida avā eina anao khanganai thada Davidna Vareli nganailak eina ot sai.

Bibleli Varena Mosesli mai eina mai chan ngazeka da kapihai. Chancham sada Mosesna Varewui zakmai chitheimiluda ningtonglak eina kapo tharan Moseswui kapopochi Varena mingailak haowa (Shongza 33:18). Mosesna kathada Vareli ngarumsak leihao khala?

Mosesna Israelnaoli Egypt ngaleiwui eina thanshok khaleoda ana Sinai kaphungli kada zimiksho hangmati thang kakhum eina seiha sapama. Hili Moses malat-ung thuwa kaji eina Israelnao bingna meoma akha semkhuida khorum haowa. Hi kathei eina Israelnao bingli sashiman haora kha nali yur kahaka sangasakra da Varena Mosesli hanga (Shongza 32:10).

Atam hithara Mosesna Vareli ngakaoda poi: "Malung khavat nemhaida nawui mibingli makapha taki kajiwui eina ning ngateimilu" (Shongza 32:12). Chiwui thili ana Vareli poluishita hanga: "Iyavo! Mibing hina kahaka morei sahaira; sina eina athumwui kameo sakhui. Kha ara athumwui morei kapheomilu; chi maning akha nawui lairikli kapi kahai iwui mingchi khuishokmi haolu" (Shongza 32:31-32). Hi kayakha leikashi seihana chisido!

Langmeida Mishan 12:3 lila hithada kapikahai ithumna samphanga, "Moses hiya okathui mi katongali malung nimkhamei mina." Mishan 12:7 lila kapihai, "Kha iwui rao Mosesli chi maningmana, ali iwui shimkhur katonga mayon khavai shina kahaina." Hithada Mosesna wuklung ning tongchaoda otram ngathada Vareli ngarumsak kala khangasik leiya.

Kahorli Okathui bingli Sokhami

Okathuili kahor sada khara Jesuna khamashung khangarong kala kazingramwui paokapha mang ratamchithei. Kha chipeewui pangli khalei tangkhamangwui mibingna kahorwui maramchi thamchitheilala phap matararmana. Hithada athumna kahorchi or huikhamichi masamphangrar mana, kha kashimanwui apongli zangtha haowa.

Khamashung wuklung kaphon binga athumwui moreichi theihaoda ning ngateilaga kahorwui manga eina huikhami samphang haowa. Mangla Katharawui kaphaning chili shurda athumna thangkaji pharaluishita kahor alungli zatchinga. Athumwui matheiva kharar china khamataiya maningmana. Athumna Vare kahor chili ngarumda Mangla Katharawui thankhami samphanga. Chiwui eina athumna kasa ot kachivali khamahai ngasai kala kazingramwui sokhamichi athumna samphanga. Athumliya Mangla Katharana ngasomida mirin pheikarli hapkhano haowa kala sheikhaut haowa kaji maleilak mana.

1 Corinthians 3:18li "Matheirek alu, nathumwui ngachaili kachi kathana okathuishong thangkhameiyana da phaning akha, thangmei kachangkhat khavai a mangkhamana da phaningranu" da hangkahai thada Varewui miktali okathui shongwui

thangkhamei hiya mangkhamana kajihi ithum theiphalungra.

Langmeida James 3:17li "Kha atungshongwui eina khara thangkhamei chili kathar, chingri kahai, takui kahai, mashitri kahai, lukhamashana pem kala phakakhaning maleimana" da hangkahai thada ithumna kahor alungli kazat atam hitharan kazingramwui thangmetchi samphangra. Kala ithumna kahor lungli okathui tharan khikha khavat makhalei thada ringkapha levelchi kashungshapra.

Philippians 4:11li pao kazata Paulna hangphata, "I khikha maleithumana kajiwui vang hi kahang maningmana, kaja iya iwui khalaleichi shapa kaji tamkhui haira." Hi ngaraicha eina ithumna kahor alungli kazang tharan Varewui chingri kahaichi samphangda ringkaphana pemtha haora. Mi kachivali chingri eina okthui shapra. Athumwui wuklungli lukhamshan eina leikashina pemhaoda athumwui khamorli ningkashi tui mavatlak mara.

Langmeida ithumna kashap eina tangda 3 John 1:2li

"Leikashe ngasotnao, ot saikora tachamhai khavai kala makhanang makaza khavai ina seiha sami. Chieina ngasoda manglawui pongli ringphachinga kaji ina thei" da hangkahai athishurda kahor alungli kazang tharan ithumwui mirinli khamahai samphangra.

Paulna Proholi samphangda kahorwui alungli kazat tharan Gentilenaoli paokazat akha sakhavai Varena pangshap mi. Stephen eina Philip anina maran kala Jesuwui sakhangatha akha masasalala aniwui manga eina Varena ot kachungkha sai. Hiwui maramli ithumna Otsak 6:8li "Varewui lukhamashan kala pangshapna pemting kahai Stephenna mibingwui ngachaili matakhak kahai kala machut tarakha sai" da kapi kahai samphanga. Otsak 8:6-7 lila hithada kapihai, "Philipwui tui kala ana kasa matakhak kahai machutchi theilaga mibing saikora china ana kahang chili ningsanglak eina nganai. Mi kachungkhawui eina makapha mangla panglak eina vaolaga shoka kala sheikasha kala phei katek binglila raimi."

Mi akhana awui tharkhamatheng athishurda Varewui

pangshapchi ngasoi. Kha mi kateokha mangli Varewui pangshapna ngasomi. Langmeida Varewui kahorchi samphang khavai hotkhanawui athishurda mibingli Varewui pangshap china ngasomi.

I Kahorli Okthuida Leila?

Kahor alungli okathui mibingwui sokhamichi samphang khavai ithum kachivana "I kahor alungli okthuida leila?" kajihi ngahan phalungra.

Hilaka kaji problem maleilala nathumna Christali kazangwui mirinchi lumrasa eina leika maleikhala kaji chukmaja phalungra, maning akha nathumli Mangla Katharana ngasolika mangasoli khala kaji theiphalungra. Hithada mathuk khangayi apong leikha nathum mathuk phalungra.

Nathumna makapha kateokha mang horkahai tharan mapenmara; mapung kapha nao akha sada awo ayi ngarawui shitkasangchi kashungshap khavai saki kajina. Kala nathum Vareli thukmeida ngarumsak leikhavai hotna phalungra.

Nathumna tharmatheng khavai sada leikha kateokha makapha eina tangda theida chi horhai phalungki kajina. Nathumna pangshap leida akhava sada leilakha eina tangda mibingli sheba sakhavai saki kajina.

Kashura akhana nathumwui khayon maramli kahang tharan ali nganaki kajina. Kala makapha kasabingli mamayangai mada ngateithui kahai masala leikashi kala lukhamashan eina athumli khangmida phap tangasaki kajina. Nathum khipakhali maringkaphai maleipai mana. Kala nathumwui mashun makhui manga eina mi kateili mayang kharinghaiki kajina.

Ina nganui khamei kala ngazan khamei mibingli ngayurpama. Ava avā ngarana khangazana naoli yangsang khamei thada khangazana bingwui vang ina seiha samida otram ngatha khavai sai. Kahor alungli kazatbinga makapha kasa athum bingli lumashanki kajina, laga thumli pheomiki kajina.

Varewui otram khangathali khalatawui kakashungchi chitheiki kaji maningmana, kha nathumna otram ngathada khalei athumwui kaphaning theimiki kajina. Hithada athumli theimida leilaga eina tangda nathumna ringphara.

Proho katha wuklung phonkashap athum bingli Varena kayakha leishi khala nathum mathei khala? Zingkum 300 Enochli ngaso khami thada athumli Varena ngasomira. Langmeida athumna phasa kaphawui sokhami mang maningla kapha khorkhong katha sada Varena shichinmira.

Chiwui vang eina nathumna Vareli leishi akha Ali kayakha shitsang khala kaji nathum khalata chang yangshap khavai kala chithada kasa eina nathumwui mirinli Varewui leikashi shakhichi kathei samphang khavai kala Ali ngarumsak leishap khavai ina Proho Jesu Christawui mingli seiha kasana!

Message 5
Kahorwui Pangshap

1 John 1:5

Anao Mayrawui eina samkaphang paokapha nathumli kahang hina, kaja Varehi kahorna, chieina awuili tangkhamang maleimana

Bibleli huikhami samkaphang eina ngasoda Anao mayara Jesuna matakhak kahai pangshap eina mashan kharara mili kazat raikhami apam kachungkha samphanga. Jesuna kakaso eina kazat kashi katonga ngalangda thuihaida mibingna kharai samphang ngaroka.

Mik khangapeowana kathei samphanga, khak makashokana khamatui samphanga, kala khana khangakhokana kasha samphanga. Apang shirei kahai mili eina tangda raimi, mazat kathei binglila zatngasaka, kala sheisha kahai mibinglila raimi. Langmeida kameola kashomshokmiya kala thikahai mibinglila ring-ung ngasaka.

Hikatha matakhak kahai pangshap-hi Jesu mangna masachithei mana, kha Old Testamentwui atamli maran bingna kala New Testamentwui atamli pao kazata bingala sachitheizata. Jesuna matakhak kahai pangshap sakashap chithada maran eina pao kazata athum bingnala sashapa kaji maningmana. Kha Jesu eina Vareli nganaimeida kazat bingli pangshapchi mataimeida samphangasaka. Varena deacon Stephen eina Philiplila kahor alungli okthui kashapwui vang matakhak kahai ot sangasaka.

Pao Kazata Paulna Hakhamaha Ot kasa eina Mibingna Varena da Kakhui

New Testament mibingwui ngachaili pao kazata Paulna Jesuwui mathangli hakmeithui kaji hakhamaha ot sai. Ana Vareli makathei Gentilenao bingli matakhak kahai pangshap eina ngasoda pao hashoka. Hikatha pangshap manga eina mibingna Vare eina Jeus Christawui maramli kathei samphanga.

Paulwui atamli meomali khokharum kala laiwa kashon mi kachungkha leisa haoda athumna mi kachungkhali kateizada leikasana. Hikatha mibingli pao hakashok atam tharan laiwa wui pangshap kala makathar manglawui otli maikashi mikhavai matakhak kahai pangshap darkar sahaowa (Romans 15:18-19).

Otsak 14:8wui eina thuida Lystra apamli Paulna pao hakashok maramli kapihai. Kapharawui eina phei mazat kapai mi akhali Paulna "Ngakarthuida nganinglu" da kakaso eina mipa china nganingkada zat-haowa (Otsak 14:10). Hi kathei eina mibingna hanga, "Kameonao mizak khuida ithumli tashung haira" (Otsak 14:11). Otsak 28hi jahaz kakaiwui eina Paulna Malta yireili vakashungwui maramna. Ana mei sakhavai thingphangbing kazip kazat tharan phara akhana ramakeimi haowa. Chiwui mibingna chi kathei eina thihaorada phaninga, kha Paulli khikha mathathuda athumna ahi kameo akhara da khuihaowa (v. 6).

Kaja pao kazata Paulwui wuklungva Varena ningyang unglaka. Chiwui vang eina ali matakhak kahai pangshap mida mibingna ahi kameonaona da khuikhangarokna.

Kahor Varewui Pangshap

Mina thada kakahao eina Varewui pangshap-hi masamphangrar mana; Varena tharmathengmi kahai athum mangli khamina. Aruihon atamlila Varewui pangshap-hi khipali mipaira khala da yangda khaleina. Hiwui vang eina Mark 16:20li kapihai, "Chieina athumna apam kachivali vada pao hashoka kala Prohona athumli ngasoda ot sai, kala matakhak kahai ot kasa china athumwui pao hakashokli mashunga da phongshoka." Jesuna John 4:48 lial hanga, "Nathum hiya kahahaka kala matakhak kahai otsak matheirang eina tangda mashitsang mana."

Mibingli huikhami shongfali thankazang kajihi matakhak kahai pangshap darkar sai. Morei eina makaphana pemkahai atam hitharan matakhak kahai pangshapna ot saphalungra.

Ithumna kahor lungli zata Vareli mangla eina ngarumshap akha Jesuna sakachithei pangshapchi ithumnala sashapra. Hi Prohona ngashit kahaina: "Kachangkhat ina nathumli kahangna, kachi kathana ili shitsang akha ina kasa otchi ala sashapra, hakhamei ot eina tangda sara, kaja I Avavawuili vahaora" (John 14:12).

Matakhak kahai pangshap eina ot kasa kajihi Varena khamaya kala khami ngasa phalungra. Laa 62:11li "Varena hangkahai shahaira; ina sha khani shira, kaja pangshap Varewuina" da hangkahai thada Varewui pangshapchi Satanna mashichinrar mana. Satanhi mangla ngasa haida Vareli chipat khavai mibingli khimameiva sashapa. Kha mirin kala kathi singkhami, thochanwui alungli sokhami kala khonshat mikashap Varewui pangshap chiya kachi katha mangla akhanala mashichinrar mana. Kahor Vareli khalei pangshap chiya tharmatheng kahai kala Jesu Christawui shitkasang khalei thada leikashap athum mangna chithei shapki kajina.

Varewui Mashun pangshap, Sashap Pangshap kala Mungkhavaiwui Pangshap

Mi kachungkhana Varewui mashun pangshap–hi sashap pangshapna da khui, or sashap pangshap-hi mungkhavaiwui pangshapna dala khuingaroka. Kha kathum hiwui ngakheikhang kahai lei.

"Sashap pangshap" kajihi mikumowui pangshapna masa kharar shitkasang manga eina samkaphang Varewui pangshap hili theivai. "Mungkhavaiwui pangshap" hiya khi khikha semkhui khavaiwui pangshap maningkha morei makhaleiwui pangshap hili theivai. Laga mashun pangshap hiya tharkhamatheng hili hangpai. Tharmatheng kahai Varewui naongara bingna samkaphang pangshapchi hina.

Thakha "khamungwui pangshap" kajihi khilak khala? Hi makapha saikora horhaida tharmatheng kahai mibingli Varena khami pangshap china.

Chancham eina yangsa. Driver akhana gari thaokatheiwui sashap pangshap leilala traffic officer akhana mashun pangshap manga eina khamshapa. Hikatha pangshap-hi governmentna khamina. Hithada driverpa china gari thaokatheiwui sashap pangshap leilala traffic officerwui mashun pangshap chiva maleirar mana. Hithada officer china driverli kahang tuichi ngana phalungra.

Hithada mashun pangshap eina sashap pangshap ngatei ngaroka, kala pangshap khanihi khangarum eina khamungwui pangshap-hi shoka. Matthew 10:1li kapihai, "Jesuna awui sakhangatha tharada khani chili hokhui kala kameo kashamshok

khavai, kazat yur ayayava kala kakaza raimi khavai panshap mi."
Khamungwui pangshap alungli kameo kashamshok kashapwui pangshap eina kazat kashi raimi kashapwui pangshap khaninihi leiya.

Raikhamiwui Lemmet eina Khamungwui Pangshap Khangatei

Varewui pangshap matheirang kaji mibinga Awui pangshap eina raikhamiwui pangshap ngaraichada khuiya. Raikhamiwui lemmet hiya 1 Corinthians 12:9li kapi kahai athishurda kazat raimi khavai apongna. Hiwui pangshap hina phasawui part shoihaida khana ngakhok kahai, tui mamatui kapai kala thingneira makhun kahai hikathali maraivaipai mana. Hikatha kazat hiya shitkasang eina seiha sada Varewui pangshap manga mang eina raiki kajina. Varewui pangshapna ot sada leilaga raikhami lemmet chiya khikha masavai mana.

Apong kateili hangsa chikha tharmatheng kahai bingna mibingwui vang seiha sakhami tharan Varena ningyang unglak haoda kala Varewui khorkhong sada shichinda khalei athumbingli raikhamiwui lemmet-hi khami ngavai. Kha hikatha lemmet-hi Varewui tekmatei khavai mashichin akha shimanlui haipai or khuithuilui haipai.

Khamungwui pangshap hiya tharmathengchao kahai bingli khamina. Sakhashi mikahaihi makhuithuilui mana, kaja hi samkaphang bingna kalikha eina tangda awui kanna khavaili mashichinman, kha Varewui tekmatei khavai mangli shichina. Proholi nganaimaman chuikhameiwui pangshapchi miya. Prohowui acham thada sakahai bingna Jesuna sachithei kahai Varewui pangshapchi horzak eina sachithei shapra.

Apong ngatateida Varewui pangshap-hi shoka. Raikhami lemmetna kazatyur katonga maraimirar mana. Kha kahor Varewui khamung pangshap china khikha masakharar maleimana. Mi akhawui shitkasangchi teolaklala Awui pangshapna ngalangda raimi shapa. Hili shitkasang kajihi manglawui shitkasangli kahangna.

*"Ngashun ngaya chara tashon thaiya.
AIDS kakazanao bingli khayang thada
mibingna ili yangkhara tharan I ning sazalaka.'"*

*Prohona Awui pangshap manga eina ili
raimida shimkhurli mana ngasaka.
Ara I ringphalak haira!*

Honduraswui eina Esteban Juninka AIDS mana raikahai

Kahor Varewui Pangshap Level Mati

Aya aja mashimanda chiching kaja Jesuwui manga eina Varena ningyang khaung khorkhong katha ngasa kahai athumbingli pangshap mi.

Level ngatateida Varena Awui pangshap chitheiya. Nathumna manglali ngarumda leilakha eina tangda chuikhamei pangshap levelchi samphangra. Manglawui mik rakahai athum bingna ngatateida khalei Varewui pangshapchi kathei samphangra. Mikumo ithumna Varewui pangshap level mati eina tangda shichin shapa.

Khare level pangshap hiya Mangla Katharawui mei eina khara chuikashap kahunga machuwui kahor hina.

Level kharewui pangshap hiya Mangla Katharawui mei eina shoka; hina kahunga machu thada kazat kashi katonga chuitada mili raimiya. Cancer, lungs kazat, diabetes, leukemia, kidney kazat, arthritis, heart problem, kala AIDS kazat hikathali pangshap hina raimi shapa. Kha hikatha kazat kazada last stageli

"Ina kahorchi thei...
Zingkum tharada mati akhurli
leikasa ara sho-haira...
I kaphaning maleisa mana,
kha Prohowui pangshap manga
eina I pharaluishit haira!"

Pakistanwui Shama Masaz zingkum tharada matiwui eina kameo zangda chihomi haira leikahai binga hiwui pangshap manga eina marairar mana.

Shoikahai phasawui partbingli khangacha thada ot sakhangasak kajihi kazat raikhami mangna mashapmana, kathar eina semsang khami darkar kasana. Hikathawui atam hiliya kakazapa kala shimkhurwui shitkasang kachithei manga mang eina Varena Awui pangshap kachithei sai.

Manmin Central Church haokaphok eina thuida Varewui khare level pangshap-hi chithei chingda lei. Mibingna Varewui tui athishurda ringda seiha kasa tharan kazat katonga tharmida raimi. Mibingna ipang kala iwui kachon rasakaza, handkerchief eina photoli seiha sasangkhami kala phoneli seiha sakhami eina mi kachungkha kazat kharai samphang ngaroka.

Level kharewui pangshap hiya Mangla Katharawui mei manga eina chungkhamei ot sai. Mi akhana thuklak eina seiha kasa tharan Mangla Kathara pemda hikatha pangshap shokpai. Kha hiwui pangshap hiya permenant sada michao kahai maningla atam atamwui athishurda Varena ningyang khaung atamli rakashokna.

Kakhane levelwui pangshap hiya blue machu kahor eina chitheiya.

Malachi 4:2li hanghai, "Kha iwui mingli khangacheeya nathumwui vanga kazat raikhavai angachang kaka khamashung khangarongwui zimik akha shokra. Seinaona seishimwui eina ngalong kashok thada nathumna ngalong kara." Manglawui mik rakahai bingna laser-light thada khara raikhamiwui kahorchi theishapra.

Kakhane levelwui pangshapna Satanna mungkahai kameo kala makapha mangla kashamshokta mibingli raimivai. Makapha pangshapna singda ningwui kazat (autism kala nervous breakdown) kaza kahaibingli kakhane level pangshap hina raimishapa.

Hikatha kazat hiya ning ringkapha kala khamathan manga einala kankhuishapa. Kha ning ringphada masot mikhangayi chili mi chungkhameina ningai shithui kahai kala malung vathui kahai eina hikatha kazat-hi shoka. Kha mangla makatharchi kashamhaicham hikatha kazat hiya ngalangda raihaowa.

Atam atamwui athishurda Varewui second level pangshap hina phasa kazat raimiya. Kala chipeena kaza khangasak kazat binghi pangshap hina raimiya. Kazat bing chiya khak makashok, khana khangakhok, sheikasha, mik khangapeo kala kapharawui eina sheisha kahai hikatha hina.

Mark 9:14wui eina haophokta khana makasha kala tui makashok mayarnao akhali Jesuna makathar mangla kasham kashokwui maramli kapihai (v. 25). Jesuna manglachi kasham kahai eina ngalangda awui kazat raihaowa.

Hithada kachi katha mi akhali makathar manglana kazangasak-hai akha manglachi kashamshok phalungra. Kachi katha mi akhana makhalui kazawui kazat kazada leihaikha Satanwui pangshapna thingneirawui problem leikhangasak katha ngasapai. Kala hikatha kazatli tangkhamangwui pangshap samphangra. Hikatha kazat hiya doctorna khikha matheirar mara. Ina hikatha kazat kakaza bingli seiha sakhami tharan kaikhana manglawui mik rakta tangkhamangwui manglachi

*"Oh, Vare!
Hi kathada sapaihao khala?
I kathada zatpaihao khala?"*

Pulpitli thada seina sakhami manga eina Kenyawui ayi zathei haira sayurwui zakyui khuida kakaza mipa chili leida khalei kathei samkaphangla shoka.

Varewui kaphaning athishurda kathi kala kathiwui eina ring-ung khangasak kajihi Varewui second level pangshap hina shokhangasakna. Hi azingli hangkahai marambing eina theipai: pao kazata Paulna Eutychus kathiwui eina ring-ung ngasaka (Otsak 20:9-12); Ananias kala Sapphira anina pao kazata Peterli kakapik eina kathi shoka (Otsak 5:1-11); kala Elishana khon kashi eina naoshinao kathi shoka (2 Wungnao 2:23-24).

Kha Jesuna kasa ot eina pao kazata Paul eina Peter kala maran Elish athumna kasa ot mangarai mana. Vare eina Jesuva aniva akha ngasa haida kathi chili tui eina kakaso tharan ring-ungasak shapa (John 11:43-44), kha pao kazata eina maran athumna thikahai mi akhali ring-ung ngasakida Varewui khamaya pofara.

Kakathuma levelwui pangshap hiya kachara machu kahor eina chitheiya, hi apuk apaka kasemli kathei samphanga.

Apuk apakahi Varewui kakathuma level pangshap hina sema.

"Serkazam kahai iwui phasachi imikna
mayangrarsa mana…

Imang leilaga,
Ana rara sai,
ipangli singkhui…

Awui leikashi manga duavile kathara marinu
samphang haira
Prohowui vang ma ansakhorar ot leila"

iwui eina aphei tashungda third degree eina
langda meina chuikahai Senior Deaconess
Eundeuk Kimli raimi haira

Hiwui pangshap alungli mik khangapeo, tui makashok, kala khana makasha bingna kharai samphang khavai apong zanga. Pangshap hina phei khangasong, pheipang sakhamei kala sangkhamei ngarai khangasak, kala nganui lakhawui eina sheisha kahai or cerebral palsy kazat hikatha hili pailak eina raimiya. Kapharawui eina phasawui part shoikahaibing mashung khuimi. Ngachei kahai arakui mashung khuimi, makazang arakui ngarum sangmi, kasha (short) male sangsangmi, kala makhangasun part ngasun sangmi. Hithada Varewui first, second, kala third level bingwui pangshap kahor china kazat kashi katonga raingasaka.

Kachi katha mi akhali meina chuida kala tara kasana ngatorda phasa katongawui cell thihailala Varena phasa kadhar semishapa. Khikha makhaningwui eina khikha semkashapa Vare (creating something from nothing) china machinewui ot mang maningla phasawui part katonga mashung khuimi shapa.

Manmin Central Churchli handkerchief kala telephoneli seiha kasa khuikaka eina ot makasa phasawui internal organ eina aikahai kachungkha shoka. Transplant saran kahai lung, kidney kala liver hikathala third level pangshap eina normal takahai leikapa.

Ngazan kahai phasa part phasang khangasak-hi Varewui l pangshapna. Phasang khavai chance makhalei atamli kadhar part semsang khami hina apuk apaka kasemli kazang Varewui third level pangshapwui otna.

Khamate levelwui pangshap hiya sina machu kahor eina chitheiya, hi ungshung khangasakwui pangshapna.

Ithumna kathei Jesuna shikachin fourth level pangshap hiya ot katongali mungvaiya, kasik kasa masi kala mangla makhavai otnala kahang nganavai. Matthew 21:19li Jesuna khaorarongli khon kashi eina ngalangda ngahui haowa. Matthew 8:23wui eina haophokta Jesuna siphan zingrotli kakaso eina vari kahai maramli ithumna samphanga. Hithada mangla makhavai khikha eina tangda Jesuna kakso tharan kahang nganai.

Jesuna Peterli yirei kathuk apam akhali khalen horsanglu da horkasang eina khai kachungkha mana (Luke 5:4-6).

Thangkhala Jesuna Peterli hanga, "chithalala nathum malung mavat khavai ngayili nana valaga khaisui horsanglu, nana samphang khare khamor phakhayang chitharan inina khashina mishap lupachi samphangra. Chi khuida athumli khashinachi shanhaolu" (Matthew 17:24-27).

Varena okathuihi tui eina matuida sakhui haoda Jesuna tui eina kakaso tharan ot bingna kahang nganai. Hithada ithumnala khamashunga eina shitsangshap akha mik eina makathei ot eina tangda shokngasak shapra (Hebrews 11:1), kala ot katonga kasemwui pangshap chila ithumwui manga eina chithei shapra.

Langmeida Varewui fourth level pangshap hiya atam kala apamwui alungli maleimana.

Jesuna atam kala apam alungli makhalei pangshap-hi chungda machithei mana. Mark 7:24li nao ngalava akhali kameo kazangwui eina raimi khavai avava akhana Jesuli rahanga. Shanao chiwui shitkasangchi theida Jesuna hanga, "Nana chi kahangwui vang shimli ung-ulu. Nanao ngalavawui eina raihchi shok-haira" (v. 29). Shanao china shimli ungkashung chitharan

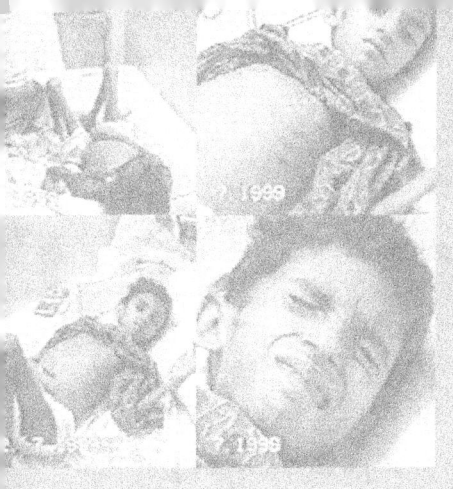

"Ngaithei thama,
bwui mik eitha tamgda
marakshokrar mana...
Ina kaphaning khipakha mathei
mana.
Proho mangna theida iti
raimaya."

Celiac kazat ka'azaiga eina Pakistanwui Cynthia kaho mi akhali raikhami kameochi shokhaida anao ngalavachi petli pida leisai.

Jesuna kakaza mi kachivali mayao thuivalala kakaza mipa chiwui shitkasang kathei eina tui hangmida kharai khavan samphanga. Hi atam kala apamwui alungli ot kasa maningmana.

Jesuna tara atungli kazat hiwui pangshapna kachitheiva ot katongahi Awui azingli leiya kajina.

Langmeida John 14:12li Jesuna hanga, "Kachangkhat ina nathumli kahangna, kachi kathana ili shitsang akha ina kasa otchi ala sashapra, kala hakhamei ot eina tangda sara, kaja I Avavawuili vahaora." Hithada hangkahai athishurda Manmin Central Churchli Varewui pangshapchi chithei kachangkhata lei.

Chancham sada kasik kasa masi (weather) eina tangda ngachei ngasaka. Ina seiha kasa tharan kazing rokasachi ngasam haowa kala tangkhamang muiya phanthui haowa. Kala mangla makhavai ot eina tangda kahang khangana maram kachungkha shoka. Carbon monoxide poison sada thihaoki kaji mi eina tangda ina seiha kasa eina phakahai shoka. Meina chuida ning makhalei mi eina tangda seiha sakhami atam tharan ngalangda khangashei shimanser kahaila ngavai.

Langmeida atam kala apamwui alungli makhalei Varewui pangshap eina tangda shoka. Pakistan Manmin Churchwui senior pastor Rev. Wilson John Gilwui nao ngalava Cynthiali kashok otshot ithumna thei. Koreawui Seoul cityli ina awui photo yangda seiha sakhami tharan chiyakha tada pamda khalei kala doctor nala kachihan makhalei anao ngalavachi ngalangda phahaowa.

Fourth levelwui pangshap hiya first, second, kala third level katonga ngarumsera. Hina kazat yur katonga rangasakvai, makathar manglali kasham shokvai, kala mangla makhavai ot eina tangda kahang ngana ngasakvai.

Apuk Apaka Kasemli Chuimeithui kaji Pangshap

Fourth level pangshapli langkhamei pangshap eina tangda Jesuna chithei da Bibleli kapihai. Hikatha chuimeikap kaji pangshap-hi kasa akhava Varewuili khaleina. Pangshap hiya mikumona mashichinpai mana. Hiya Vare Amang leida leilakhawui eina khara kahor china.

John 11li zimiksho matithang thida phasa nganam kahai Lazarusli Jesuna 'shoklu' da kasoda hanga. Ana kakaso tharan aphei, apang kala amai kachona romphin kahai thikahai michi ringung haowa (vv. 43-44).

Mi akhana makapha katonga khuishokser hailaga tharmatheng kahai tharan manglawui apongli zangshapa. Hithada manglawui thangmetchi theikhui maman ana Varewui pangshap fourth level eina tangda kathei samphangra.

Atam chitharan kasa akhava Vare mangna shikachin pangshapchi anala kathei samphangra. Hithada mi china manglawui apongli ngaphumchao kahai tharan chuimeikap kaji pangshapchi awui manga einala ot sara.

Chancham sada mik khangapeowa mi akhali 'mik raklu' da kakaso tharan ana ngalangda rakshota kathei samphangra. Ana tui mamatui kathei mi chilila 'tui matuilu' da kakaso tharan ngalangda matuishap haora. Hithada ana kakaso manga eina sheikasha anala zatkathei samphangra. Phasali khama zakahai eina tangda ana kakaso tharan shiman haora.

Hiwui pangshap-hi haokaphok eina leikasa Varewui kahor kala akhon china. Pangshapchi akhonwui manga eina shokngasaka. Pangshap hiwui alungli first, second, kala third level pangshap katonga ngarumda leilaga kazatyur katonga rangasaka.

Kahor Varewui Pangshap Samkaphang

Kathada ithumna kahor Varewui pangshapchi samphangda mibingli huikhami samphangasak paira khala?

Khareli tharmathengda makapha ot horkahai mang maningla phameikap kaji otchi ithumna saphalungra.

Mibingna nathumli makapha ot kasa tharan athumli khikha mamaya khangai makachitheichi kapha otsakna da hangpairala? Hi maningmana. Nathumna Varewui miktali mibingna rekakharek khangkapamchi kaphawui ot haokaphokna.

Hili phakhamei chiya makapha kasa bingli tui hangda ning ngachei khangasak hina. Varena ningyang khaung phameithui kaji ot chiya yangkashi bingwui vang mirin chikat khami hina.

Jesuna phameithui kaji ot sachitheida ali krush tungli sakathat bingli pheomida ningkhan ngasaka. Moses eina pao kazata Paul aninala anili sathatki kaji mibingwui pangli mirin misangaiya.

Meoma khokharum eina Varena Israelnao bingli sashiman khavai kasa tharan Mosesna kathada ngahanka khala? Ana Vareli sakchangda poi: "Kha ara athumwui morei kapheomilu; chi maning akha nawui lairikli kapi kahai iwui mingchi khuishokmi haowa" (Shongza 32:32). Pao kazata Paulla hithamana. Ana Romans 9:3 "Kaja phasawui pongli iwui theisabing kala ichinao ngarawui phakhavai athumwui eina ili Varena khonshida

Christawui eina ngatei ngasak haowa chilala khikha maleimana" da hangkahaihi phameithui kaji ot sakachitheina. Hiwui eina Varena awui manga eina pangshapwui ot kasana.

Mathangli Ithum Manglawui Leikashi Leiphalungra.

Aruihon atamli leikashi malei kachangkhat thura. Ithum leishi ngaroka da mibingna hanglala phasa shongwui leikashi ngasa haida ngacheishon haowa. Varewui leikashi hiya manglawui leikashi ngasa haida thang thang mataisanga, laga hi 1 Corinthians 13li mathalak eina kapihaida lei.

Rimeithuida "Leikashihi langkathana kala lumashan kathana kala mikpai kashila, langkasola, khayaning kakhaningla maleimana" da kapihai. Ithumwui Prohona morei katonga pheomi haira kala mapheomi kapai apong eina tangda pheomi ngairareo ngaraida huikhamiwui shongfa shomi haira. Kha ithumna Proholi leishiya chilaga kathada chiyakha thakta morei salui saluida ichina ngarali makapha ot sahao khala? Mibingna ithumwui ningkachang masa khami atam chitharan khiwui vang ngalangda athumli bichar sangaihao khala? Mibingwui khamahai mirin chili khiwui vang ithum yuishihao khala?

Mathangli leikashihi "khalata malangso mana, khalatawui vang mang maphaning mana, malung mavatzar mana" (v.5) da kapihai. Atam hitharan ithumna Proholi masochikata leilapai, kha mibingna theivairanu kala khalatawui kasa khavai mibingli kachithei ngasasa haikha kala mibingli tamkachithei mang sangai akha nathum langkasona.

Kala leikashi hiya "khalatawui vang mang maphaning mana" (v.5) dala kapihai. Ningai kashi, ning ngachei kazar, khalatawui mang kaphaning, kapik kazarwui ningai, makhamashung shong eina kaphaning, kala mibingli makapha eina kakhui hikatha hina leikashi mashokngasak mana.

Langmeida leikashihi "makapha kasali mamathan mana kha kapha kasali ringphai" (v.6) dala kapihai. Ithumli leikashi leikha khamashung kasali mathan phalungra. 3 John 1:4li "Iwui naobing khamashung eina okthuida lei kaji paoli langmeida ringpha khamei maleimana," da hangkahai thada khamashung hina mathan khavaiwui apong ngasa phalungra.

Khanaowali leikashihi "ot saikora phungmi, saikora shitsanga, saikora chihana, kala saikora jami" (v.7) da kapihai. Kachangkhat eina Vareli leikashi bingna Awui kaphaning theira, kala athumna ot katonga shitsang shapra.

Mibingna Prohowui latkhara chili shitsangda ngaraikapam thada athumnala shitkasang bingna ringkashok kala kazingramwui saman chili shitsanga. Athumna Varewui kaphaning sakhavai kachot kachangli khangshapa.

Bibleli kapi kahai chiwui athishurda kapha kala leikashi mirinli kharing bingli Awui leikashi shakhi chithei khavai Varewui pangshap lemmet sada heiror miya. Vare Anala kahor alungli okthuida khalei athum bingli samphangai chinga kala athumwui kapo chila samingai chinga.

Chiwui vang eina nathum khalata kachi katha mikhala kaji theikhui chaoda Varewui khorkhong akha sada nathumna sokhami kala Awui pangshap samphang khavai ina Proho Jesu Christawui mingli seiha kasana!

Message 6
Mik Khangapeo Pawui Mik Rakra

John 9:32-33

Okathui haokaphok eina thuida mik ngapeoda kaphara mili mi akhana theingasaka kaji mashalakranga. Mipahi Varewui eina khara maning akha khi otkha masararmara

Otsak 2:22li Mangla Kathara samphang kahai eina Jesuna sakhangatha Peterli Joel marana hangkahai chili pheisin sada Jehudi bingwui maramli hanga, "Israelnaobing, tuihi nganamilu, Nazarethwui Jesuhi Varewui ngasokhami manga erina nathumwui ngachaili hakhamaha otla, matakhak kahaila kala machut kakhui otla kasa nathumna theihaira." Jesuna matakhak kahai ot kasawui marama Old Testamentli hangmaran kahai Messiahchi Jehudi bingna krushli shaothat kahai Jesu chilaka da hangchithei khavai kasana.

Langmeida Peterlila Mangla Kathara samphang kahai eina Varewui pangshap tashungmi. Ana zat poza kazat sheikasha mayarnao akhali raimi (Otsak 3:8), kala mibingna awui akala (shadow) tarorda kazat raikhavai kakazanao kachungkha khuirada shongfa pheili rachipeta (Otsak 5:15).

Hithada mashit kasang bingli shitkasang lingsang khavaina chida Varena miwui manga eina pangshapwui ot kachungkha sai.

Hi katongali shokapai maningmana, Varena ningyang khaung athumbingwui mirin mangli rakashokna.

Jesuna Mik Ngapeoda Kaphara Mi Akhali Raikhami

John chapter 9wui kharachanhi Jesuna mik ngapeoda kaphara mi akhali vasamkaphang eina haophoka. Chili Jesuwui sakhangathabing china mik khangapeo chiwui maramli ngahana, "Oja, mik ngapeoda kapharachi khipawui morei khala?" (v.2). 'Hi mik khangapeopa chiwui mirinli Varewui ot chithei khavai ali ngapeoda kapharana' chida Jesuna athumli ngahankai (v.3). Chiwui eina Jesuna ngaleipa khuilaga machora eina manata mikli neomida kasoi, "Siloam rakhongli namai angatap haolu" (vv. 6-7). Khangapeopa china apam chili vada mai vakhangatap eina awui mik rak-haowa.

Bibleli Jesuna mi kachungkhali raimi serlala mik khangapeopa hiwui kazat maram ngateihang eina lei. Mipa hina

Jesuli raimilu da mapo mana; Jesuna mipa chili vada raikhamina. Thakha khiwui vang eina khangapeopa hina chiyakha sokhami samphanghao khala?

Rimeithuida mipachi kahang nganai.

Thada khangacha mi akhali Siloam rakhongli vada mai vangataplu da Jesuna kakasohi khikha kakhalat maleimana. Khangapeowa mik chili machora eina khamanat ngaleipachi neomilaga amai vakhangatap eina mik rak-haowa kajihi phap takapai apong maleimana. Jesuhi khipa lakhala kaji mathei akha mik khangapeopa chili 'chithalu' da rakahang tharan mashit kasangmang maningla malung vatngayi lakra. Kha Jesuna mipa chili kaso khaleoda ana kahang nganada Siloamwui rakhongli mai vangatapa. Chili ngalangda awui mik rakshokta theihaowa.

Varewui tuihi mikumowui theikakhui eina mangarai mana chikha mik khangapeopa thada nathum malung khanim eina tui chili kahang ngana phalungra. Chiwui eina Varewui lukhamashan nathumwui tungli tashungmida theikakhui kachungkha samphangra.

Kakhaneli khamashung makhamashung theishap khavai mik khangapeopa chiwui mangla mik rak-haowa.

Ana raikahaiwui thili Jehudi bingli khararchan vakasa athishurda ana mik ngapeoda leilaga kashi kapha maramli theihaira saya kaji ithumna kathei samphanga. Atam hitharan Jehudi binga ainna maram sada manglawui mik ngapeoda leisai. Jehudi bingna kathada raihao khala da ali khangahan tharan mipa china meisa eina hangmiya, "Jesu kaho china imikli leipa kateokha neomilaga Siloam rakhongli namai angatap haolu', chieina ina valaga angatap khaleoda theihaowa" (v.11).

"Nali raikhami pachi khipa khala?" da Jehudi bingna khangahan eina mipa china "Ahi maran akhana" da ngahankai (v.17). Mipa china 'mik khangapeo akhali raimishap akha mashoila ahi Varelakra' da shitsanga. Jehudi bingna manashida ali hanga: "Varewui mangali khamashung tui hangrada khangashit salu. Mipachi morei kaphaunga da ithumna thei" (v.24).

Athumwui tuihi kayakha maram makacha khala? Vareva morei kaphunga bingli seiha mangahankami mana. Laga morei kaphunga bingli kazat raimi khavai pangshapla mami mana. Jehudi bingna phap matararlala kala mashit sangrarlala mik khangapeopa china khamashungchi hangphata: "Varena morei kaphung bingli mashami mana, kha ali khaya kashiya kala awui ningkachang kasa athumli shakhamina kaji ithumna thei. Okathui haokaphok eina thuida mik ngapeoda kaphara mili mi akhana theingasaka kaji mashalak ranga. Mipahi Varewui eina khara maning akha khi otkha masarar mara" (vv. 31-33).

Apuk apaka kasemwui eina thuida mik khangapeo akhali raimi haowa kaji maleithuda mipa hiwui maram kasha eina chiwui mibingna ringphalakta leira. Kha Jehudi bingwui alung liya bichar kala mamaya khangai mataisang haowa. Hithada Jehud binga manglawui mik ngapeo haokida Varewui otsakli mamayathu mana. Kha mik khangapeo akhali Vare mangna raimishapa da Bibleli hanga.

Laa 146:8li hanga, "Khangapeo bingli rakngasaka, khangazana mibingli khangkami; khangaronga mibingli Prohona leishi," laga Isaiah 29:18 lila hithada kapihai, "Chitharan khana khangakhokana shara, lairikwui tuibingchi khangami tangkhamangwui eina mik khangapeowana theira." Isaiah 35:5 lila hithada hanghai, "Chitharan khangapeobing mik rakra, khangakhok bingla shahaora." Hili 'chitharan' kajihi Jesuna mik khangapeowali varaikhami chili kahangna.

Hithada Jehudi bingna athumwui makapha maramchi thatheilala Jesuna kasa pangshapwui ot chili mashitsang phalung mana, kala Jesuhi Vareli ngakai kashi morei kaphungana da phenthaya. Mik khangapeopa china ainwui maramli mathada matheilala awui mashun makhui manga eina Vareva morei kaphungali mangasang mana kaji thei. Kala raikhamichi Varewui eina kharana kajila ana theishapa.

Kakathumali Varewui lukhamshan manga eina mik khangapeopachi Prohowui mangali rada mirin kadhar samphanga.

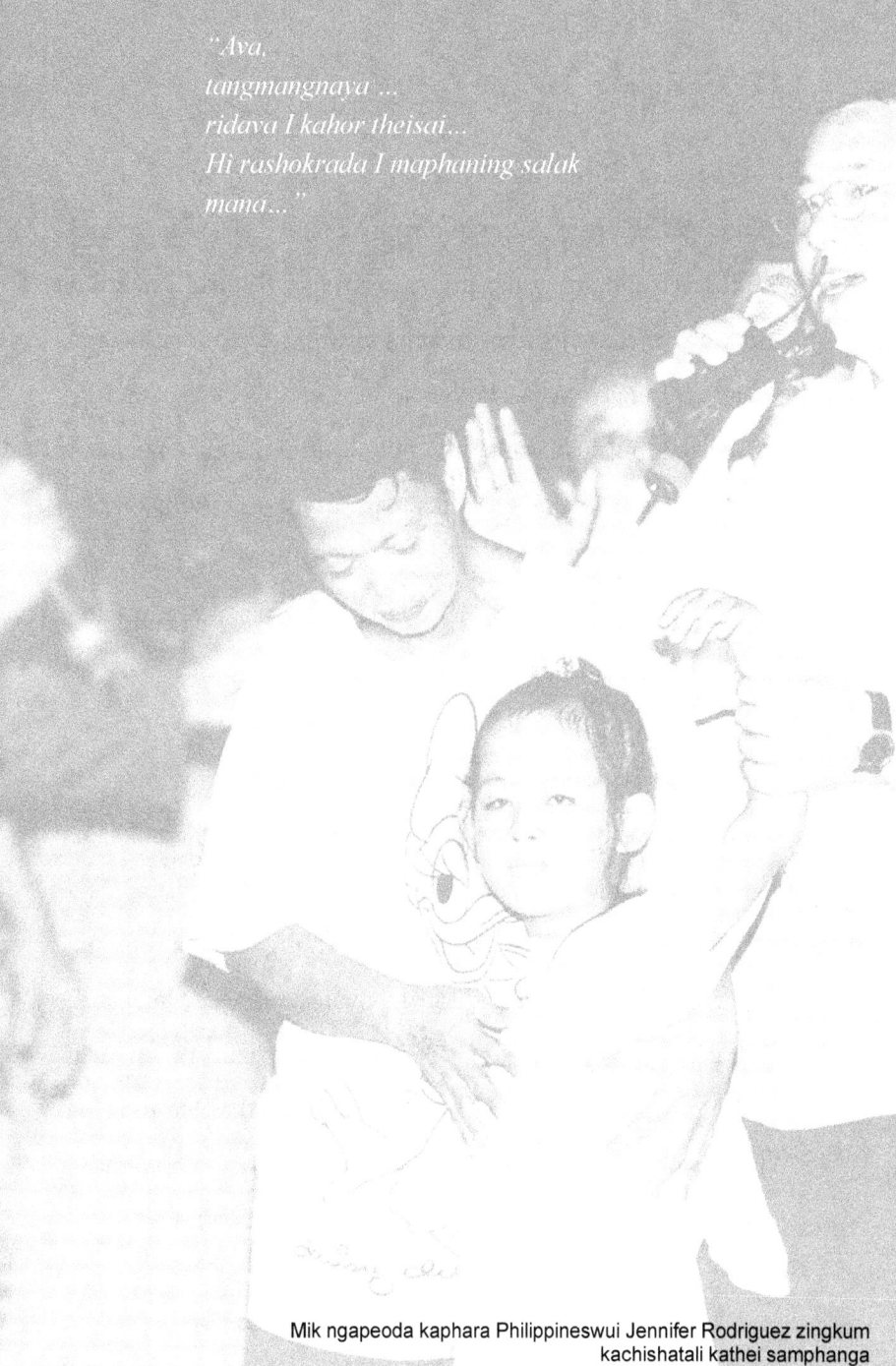

"Ava,
tangmangnaya ...
ridava I kahor theisai...
Hi rashokrada I maphaming salak
mana..."

Mik ngapeoda kaphara Philippineswui Jennifer Rodriguez zingkum kachishatali kathei samphanga

Aruihon Manmin Central Churchli thinanai kaji mi kachungkhana pangshap samphang kahai leikapa. Kha athum kaikhana naoda ning ngacheida okathuiwui mirinli okathui kahaichi theida ina chapngacha chinga. Athumna kazada leilagava "Ili raimi akha I Prohowui vang sara' da rangaroka. Kha chithalala ningaichi mamashung thuda athum kaikhana kharai kahohi masamphang mana, kala athumna shikasang kahohi maleiluila okthui haowa. Kala kaikhana phasa kazat kharai samphanglala athumwui manglana huikhami masamphang thuda arema ngasakahaila zangkapa.

Mik ngapeoda kaphara mipawui wuklunghi Vareli ngavaplaka. Chiwui vang eina ana Jesuli samphangda raikhami mang maningla huikhamila samphang haowa. Jesuna "Na miwui naomayarali shitsangla?" da khangahan tharan ana ngahankai, "Amei a khipa khala? Ili kha hangmilu chieina ina ali shitsangpaira" (John 9:35-36). Jesuna "Na ali theihaira, kala arui nali ngazekta khaleipahi alaka" da ngahankaka tharan mipa china hanga, "Proho I shitsanga" (vv. 37-38). Mipa china thada shitkasang mang maningla ana Jesuli khuisang haowa.

"Iwui wuklungna apam chili thanvai…

I lukhamashan mang honkapamna…

Varena ranganaimi chaowa.
Mik kathei hili ringpha khamei chiya kharinga
Vareli kathei samkaphang hina!"

Zingkum khani kaka tharan yarvakwui mik makathei Honduraswui Maria kaho mi akha Dr. Jaerock Leena seiha samida raihaowa

Hikatha wuklung eina ithum saikorali Varena Awui ngalemli rangasakngai. Kazat raimi khavai kala somi khavai vangna chida Vareli maphangasakngai mana. Jesu Christali chikat kashap Awui khamashung leikashichi theikhuida huikhami samphangasak ngaiya. Langmeida ithumna khamor mang maningla otsak eina ali leishiki kajina. Ana 1 John 5:3li hanga, "Vareli leikashiwui vang Awui ningkhami khamayona, kala awui ningkhami ritna kahai maleimana." Ithumna Vareli leishi kachangkhat akha ithumwui alungli khalei makapha saikorahi horhaida thangkachida kahor alungli okthuiki kajina.

Hikatha wuklung eina ithumna Vareli seiha sada kapo tharan mashami ngayaomala? Matthew 7:11li "Nathum maphasalala nathumwui nao ngarali kachi katha khamatha ot mirakhala da thei akha kazingramli khaleiya navana ali kapo bingli kayakha mataimeida mira khala?" da Jesuna hanghai, chiwui vang eina Avā Varena nathumwui kapo mira kaji shitsanglu.

Hithada sada Varewui miktali kazat kala problem hina maram masamana. Wuklung eina "Proho I shitsanga" da

"I masangleila mik ngapeo haora da Doctor bingna hanghaira sai... ot katonga mamaza haira sai...

Ili kahor khamiwui vang ningshi haira Proho ...

Kharewui eina I Nali ngaraipamda khaleina..."

Accident shokta mik ngapeo kahai Honduraswui Rev. Ricardo Morales kathei samphang haowa hangkaphat tharan mik khangapeopali raikhami thada nathumlila raimira kala makhalan kharar problembing chila solve samira.

Manmin Central Churchli Khangapeo bingli Raikhamiwui Ot

1982 zingkumli Manmin church haokaphok eina thuida mik khangapeo bingli raikhamiwui ot singkada Vareli ningshi kachangkhata. Kapharawui eina mik ngapeo kahai athum bingli seiha samida raimi. Kala mik ngazanda mikchanra sangkasa athumwui mik khangacha thada theingarok haowa. Testimony kachungkhawui alungli azingwui testimonyhi kachitheina.

July 2002 zingkumli ina Honduras apamli Great United Crusade singkaka tharan zingkum 12 kakahai mik makathei Maria kaho shanao akha leisai. Mikchi raikhui khavai ashava ashavāna kacungkha hotna kahaina. Mikwui cornea shinlala kankhana maleisa mana. Laga cornea shinsangda zingkum tharawui thiliya Mariahi kahor eina tangda matheirar thumana.

Chiwui eina 2002 zingkumli Mariana Vareli zangda crusade chili khara tharan ina seiha sami. Hithada awui mikchi raichaoda khangacha thahaowa. Shoihaira kasa mik yavakwui thingneirachi Varena mashung khuimi haowa. Hi kayakha matakhak kahai khala? Mashan kharara Honduraswui mibingna hi theida "Varehi arui eina tangda ringda lei" da Vareli masochikata.

Pastor Ricardo Moralesla Muanwui tara manga eina mik mathei kasa chila theihaowa. Ahi Honduras Crusade masarang lakha zingkum shiniwui mamangli accident shokta mik saza kahaina. Pastor Ricardoli doctor bingna awui mik ngazansang mamanda matheilui mara da hanghaira sai. Kha Hondurasli 2002 zingkumwui Church Leader Conference haophokthang awui mikchi raihaowa. Ana Varewui tui ngana maman shitkasang eina Muanwui tarachi awui mikli kasang tharan mathing maman haowa. Ridava ahi tara chiwui maramli khikha mashitsangsa mana. Chithang ngazin Pastor Ricardo mikchanra sangda crusade chili rakazangna. Chili ngalangda Mangla Katharana "Nawui mikchanrachi makhuishok-hai akha nawui mik ngapeochao haora" da vaokhara akhonchi shahaowa. Pastor Ricardona mikchanrachi khuikashok tharan ot saikorachi mathingrik theishap haowa. Hithada Pastorwui mik raikahai eina ana Vareli masochikata.

Kenya ngaleiwui Nairobi Manmin Churchwui member Kombo kaho mayarnao akhana church chiwui eina 400 kilometers (250 mile shikha) shikha kata town chili yaothuizata. Awui shongza chili ana Seoul citywui Manmin Central Churchli matakhak kahai Varewui pangshap shokahaichi ashi shimkhurli vahang chitheiya. In handkerchiefli seiha kasa thada anala chithada sami. Chili Kombona churchwui calendar akhala ashi shimkhurli haimi haowa.

Awui paokaphachi shalaga mik ngapeoda leikasa Kombowui ayi china calendarchi amaili khumda "I Dr. Jaerock Leewui photochi theingaiya" da hangpam haowa. Hi matakhak kahai maram akhana. Ayi china calendarchi khuikashok eina awui mikchi rakta photochi theihaowa. Hallelujah! Kombo shiwui shimkhurchi mik khangapeo bingli raikhamiwui pangshapchi kathei samphang haowa. Langmeida hiwui pao kasha eina aram chili church akha rashomilu da pohaowa.

Varewui pangshap manga eina okathuili Manmin Branch Church thingthing leihaira, kala hiwui manga eina okathui achikun mati vashungda paokapha hashokta khaleina. Nathumna Varewui pangshap shankhui katheihi sokhami kahaka samphang kahaina.

Jesu Christawui atamli Vareli masot khamiwui mahutli mi kachungkhana Mangla Katharawui otli manashida bichar sapam. Hi hakhamaha moreina. Jesuna Matthew 12:31-32li hanghai: "Chiwui vang eina ina nathumli kahangna, 'Morei kasasa kala kachipat tui khamatui kachivawui vang mikumoli pheomira; kha Mangla Katharali kachipata chi mapheomilak mara. Miwui nao mayarali makhamaya tui khamatuiya chilila pheomira. Kha Manglali makhamaya tui khamatuiya chili thot hilila kala rakhara thotlila mapheomilak mara."

Mangla Katharawui ot-hi Varewui eina kharana da theisa chikha ithumla John 9li kapi kahai mik khangapeo mayara thada saki kajina. Shitkasang chiwui athishurda mibingna kapha khorkhong ngasa khavai sada leilaga eina tangda Varewui pangshapchi kathei samphangra.

Laa 18:25-26li "Khaya kashe chili nana khaya kasha chitheimi, kala shat makaka mili nana shat makakanada chitheimi. Kathara chili na khalatawui kathar chitheimi, makapha chili na khalata makhangui chitheimi," da kapi kahai thada kachichana sakahai otsak chiwui athishurda saman mikashapa Vareli shitsangda Awui sokhami samkaphang ngasaranu kajihi Proho Jesu Christawui mingli ina seiha kasana!

Message 7
Mibing china Nganingkada Ngaworkara, kala Zatra

Mark 2:3-12

Mi matina sheikasha akha ngavarai. Mi chungna kahaiwui vang mazangpai thuda Jesuna kapam ngazunli shimtun lanphutlaga kakaza mipana kapi pet phonda chihotai. Jesuna athumwui shitkasangchi theilaga sheikashapali hanga, 'Inao mayara, nawui morei pheomi haira.' Chitharan pamkasa ain kathema bingna athumwui ningli machuka, 'Kathada hipana hithada matuihao khala? Hi Vareli kachipat tuina. Vare maningla morei pheomi kashapa khipa leikhala?' Athumwui ningli khamchukchi heng sada theihaoda Jesuna hanga, 'Khisada nathumwui ningli machuk phapha khala?' sheikashapali nawui morei pheomi haira kaji paimeika 'ngakarthuida nawui pet khuiphungda zatlu' kaji paimei khala? Miwui nao mayarana okathuili morei pheokashapwui sashap pangshap lei kaji nathumli ina shakhi mira.' Chieina ana sheikashapali ngareivada hanga. 'Ngakarthuilu, nawui pet khuiphungda shimli ungulu.' Ana ngakarthuilaga heng sada awui pet khuiphungda athumwui mangali phongshar eina zatshok haowa. Chi kathei eina athum matakhak haoda Vareli sochikata hanga. 'Hikathahi rida ithum matheilak ranga.'"

Jesuwui atamli mik khangapeo kala sheikasha mi kachungkhana kharai samphanga da Bibleli kapihai. Varena Isaiah 35:6li "Phei katekana chaonao thada ngalongra; khangashanala ringphada male eina laa sara. Kaja lamhangwui eina tara shokra, kala siwukli kong longra.," da hanghai, kala lakluida Isaiah 49:8li hithada hanga, "Lumashan kapai atamli nali ngahankai, huikhami atamli nali ngachonmi; nathumwui ngaleili panlui khavai, machohai kasa shimlui mathuikhuilui khavai, ina nathumli mayonmi haira kala mibingli tuingashit sakhavai nathumli mihaira." Varena ithumwui kapomang mangahanka mila huikhami chili kathanla thanvami chingra.

Aruihon atamlila Manmin Central Churchli Varewui pangshapna ot sada phei katek mi kachungkhana athumwui wheelchair kala khamshui horhaida kazat samphangda lei.

Mark 2li phei sheikasha mipa china kachi kathawui shitkasang leida Jesuli ralaga huikhami samphanghao khala? Kachi kathana kachi katha kazat kazada mazatheila leisakha nganingkada zatkashapa mi ngasaranu kachihi ina seiha sai.

Sheikasha Mipa china Jesuwui Maramli Pao Kasha

Mark 2hi Jesuna Capernaum apamli yaothui khava tharan sheikasha mi akhali raikhamiwui khararchana. Town chili mina mangachonmi akha maokthui kapai mathila thada kharing sheikasha mi akha leikasana. Ana mik khangapeo, phei sheikasha, kazatyur ngatateida kakaza kala kameo kashamshokta mibingli raimi kashap Jesuwui maram shahaira sai. Paohi shakhaleoda ana Jesuli samphangailak haowa.

Thangkha Jesu Capernaumli zata lei kajihi ana shahaowa. Hithada ana Jesuli phaningda kayakha ringphasara khala? Kha sheikashapachi akhalata mazatheimada Jesuli khuivami khavai ngasotnao phapama. Mahailak eina awui ngasotnao bingla Jesuwui maramli shahairasada ali ngachon mingai haowa.

Sheikashapa chieina Awui Ngasotnao Jesuwui Mangali Khava

Sheikashapa chieina awui ngasotnao Jesuna preaching sada khalei shimli vazanga, kha mi chungna haida athum mazangpai thuwa. Chiwui vang eina mibingli shongfa kha chikamilu da pokazatli tai. Hili sheikashapa chieina awui ngasotnao bingna shitkasang vatsa akha Jesuli masamphangla shimli han-ung haipai.

Kha athumna shitkasang eina Jesuli samphang phalungra chihaowa. Kathada samphanglaksi khala da athumna phaning kachungda naolak eina shimtungli kada kakazapachili chihota khavai akhur kasaphuta. Shimtung sakhayangmi kahai chiwui aman kongphalungra kaji leilala sheikashapa chieina awui ngasotnao bingna Jesuli samphangda raikhuilakra chihaowa.

Shitkasanghi otsak eina ngayura, laga shitksangwui otsak-hi malung khanim manga mang eina kathei samphangra. "I church kangailaklala iwui phasana marar mana" kaji maleilak haira khala? Sheikashapa china "Proho I mazathei mana kaji nana thei.

Laga ina thada petli pipamlala nana raimishapa kaji ina shitsanga" da thada hangpam haikha shitkasangwui kakhalatchi kathara khala ithum phaning yangsa.

Kayakha sakmatailala sheikashapa china Jesuli raimi khavai vasamphanga. Ana Jesuli vasamkaphang eina kazat raihaora kaji shitsangda awui ngasotnao bingli khuiva khangasakna. Langmeida awui ngasotnaobing eina tangda shitkasang leihaoda ali ngachon kashapna kala shimtungwui akhur eina tangda saphutmi kashapna.

Nathumla Varena raimira da shitsang akha Awui mangali khara kajihi shitkasangwui shakhina. Hithada sada athumna shimtung chili akhur saphuta Jesuwui ngalemli chihotai. Atam chitharan Israelwui khangacha shim kasahi mina zatpai khavai chida shimtungchi aphek eina sai. Hithada shimtung chila pailak eina pheitapai. Hina maram sada sheikashapa chili pailak eina shimtungwui eina chihota kashapna.

Ithumna Moreiwui Problemhi Ngavata haikha Varena Ngahankamira

Mark 2:5li sheikashapa chiwui shitkasang theida Jesuna ningyang unga kaji ithumna thei. Ana sheikashapa chili maraimi ranglakha "Nao mayara, nawui morei pheomi haira" da khiwui vang Jesuna hanghao khala? Hi raikhami kajihi morei pheokhami eina rai kaji chithei khavai kasana.

Shongza 15:26li Varena hanga, "nathumna ningsanglak eina Proho Varewui tui ngana akha amiktali khamashung ot sakha, kala awui kakaso shiyan khuisang akha, Egyptnaoli kasa thada nathumwui tungli kazat mara ngasak mara; nathumwui raikhame Prohochi ina." Hili "Egyptnaoli kasa thada nathumwui tungli kazat" kaji tuihi kazatyur katongali kahang tuina. Hithada ithumna Awui tui chili kahang nganada okthui akha ithumli kanmida kazat makaza mara. Langmeida ithumna Vareli kahang nganada leilakha eina tangda kazat kashina ithumwui phasali mazangrar marada Varena Deuteronomy 28li tuingashit sahai. Zingkum thumrada chishat kakazapali raikhami eina ngasoda John 5li Jesuna hanga, "Ara na phahaira. Morei masalui alu chithakha zakshi khamei khikha nawui tungli mashoklui mara" (v.14).

Kaja kazat katongahi moreiwui eina kharana. Hithada sheikashapa chili maraimi rangkhala rida Jesuna awui morei pheokhamina. Ithumlila raimi ngasakngai akha ning ngateida morei masaphalung mara. Nathum morei naona chikha morei masa khavai sara, nathumna kakapika mi ngakha makapik phalung mara, kala nathumna mi kateili yangkharingda leikha chi matha khavai saphalungra. Varewui tuili kahang khangana athum mangli Varena pheomiya. Kha "I shitsanga" da khamor eina thada kahang hina pheokhami marapai mana, ithumna kahorli khara tharan Prohowui ashee china thada morei pheomi phalung haoki kajina (1 John 1:7).

Varewui pangshap eina Sheikashapana Kazat

Mark 2li morei pheomi kahaiwui thili sheikashapa china nganingkada awui phak (mat) khuiphunglaga yarui mangali zatshok haowa kaji ithumna samphanga. Jesuna "Nao mayara, nawui morei pheomi haira" (v.5) da kahang eina ngalangda raihaowa. Hi theida ringphaga machila ain kathema oja bingna ngayatphok haowa. Jesuna morei pheokhami tui kahangchi shada athumna, "Kathada hipana hithada matuihao khala? Hi Vareli kachipat tuina. Vare maningla morei pheomi shapa khipa leikhala?"(v.7) da phaning haowa.

Chili Jesuna athumli hanga, "Khisada nathumwui ningli machukphapha khala? Sheikasha pali morei pheomi haira kaji phameika ngakarthuida nawui pet khuiphungda zatlu kaji paimei khala? Miwui nao mayarana okathuili morei pheomi kashapwui sashap pangshap lei kaji nathumli ina shakhi mira. Chieina ana sheikashapali ngareivada hanga" (vv. 8-10). Athumli tuihi kahang eina Jesuna sheikashapa chili hanga, "Ngakarthuilu, nawui pet khuiphungda shimli ung-ulu," (v.11). Ana ngalangda nganingkada zat-uwa. Apong kateili hangsa chikha sheikasha pachi kharai samphang khavai morei pheokhamina. Hi Jesuna matuishok kahai katonga Varena ungshung khangasakna. Kala hina Jesuhi mikumowui huikhamiyana kaji hang kachitheina.

Nganingkada Kazat

John 14:11li Jesuna hanga, "I Avavawuili lei kala Avava iwuili lei kajihi shitsanglu. Chi maningkha ina sakahai otbing chiwui vang shitsanglu." Chiwui vang eina sheikashapa china Jesuli rada morei rapheo kakhui eina nganingkada zatkahaihi theida ithum Avava Vare eina Jesu akhana kajihi shitsang phalungra.

John 14:12li Jesuna hangluiya, "Kachangkhat ina nathumli kahangna, kachi kathana ili shitsang akha ina kasa otchi ala sashapra, hakhamei ot eina tangda sara, kaja I Avavawuili vahaora." Ili Varewui rao sakhavai hokhui kahaiwui thili Awui tuili 100% shitsang haoda pangshap samphang khavai kakhum eina atam tarakhashi seiha sazata. Chiwui vang eina Manmin church haokaphokwui eina thuida sciencewui ari araina maraikharar kazatyur kachungkha raikhami rashok haowa.

Kakazanao bingli raimi maman kala kazat thakmeida raimaman chang khayang chungmeida rai. 1993 to 2004 zingkumli kasa annual Two-week Special Revival Meeting kala worldwide Great United Crusade kasa chieina okathui mi kachungkhana Varewui matakhak kahai pangshap ratheiphoka.

Kakaza naobingna kazat raida nganing kalaga kala ngalong kalaga kazat kaikhawui shakhi azingli chitheili.

Zingkum Chiko Wheelchair Singda Leikasa Mi china Nganingkaka

Deacon Yoonsup Kimhi rimeithui kaji testimonyna. 1990 wui May kachangli South Korea Taedok Science Townli electricitywui ot kasa eina shim thak matiwui eina takatungna. Hi Kimna Vareli mashitsang ranglakha kashokna.

Chili ngalangda ali Yoosung, Choongnam Province wui Sun Hospitalli khuivada kachang tharuk coma eina leihaowa. Kha ana ning khaung tharan phasa khangasheina mapamrar thuwa. Doctor bingna Kimli awui maramhi saklak haira da hanga. Chiwui vang eina ali hospital kateilila khui-ung khuivada yangzata. Kha phakasang maleilak thumana. Hithada Kim phasa sheisha haowa. Ahi mapisangpai mada nganinglaga pingasaka.

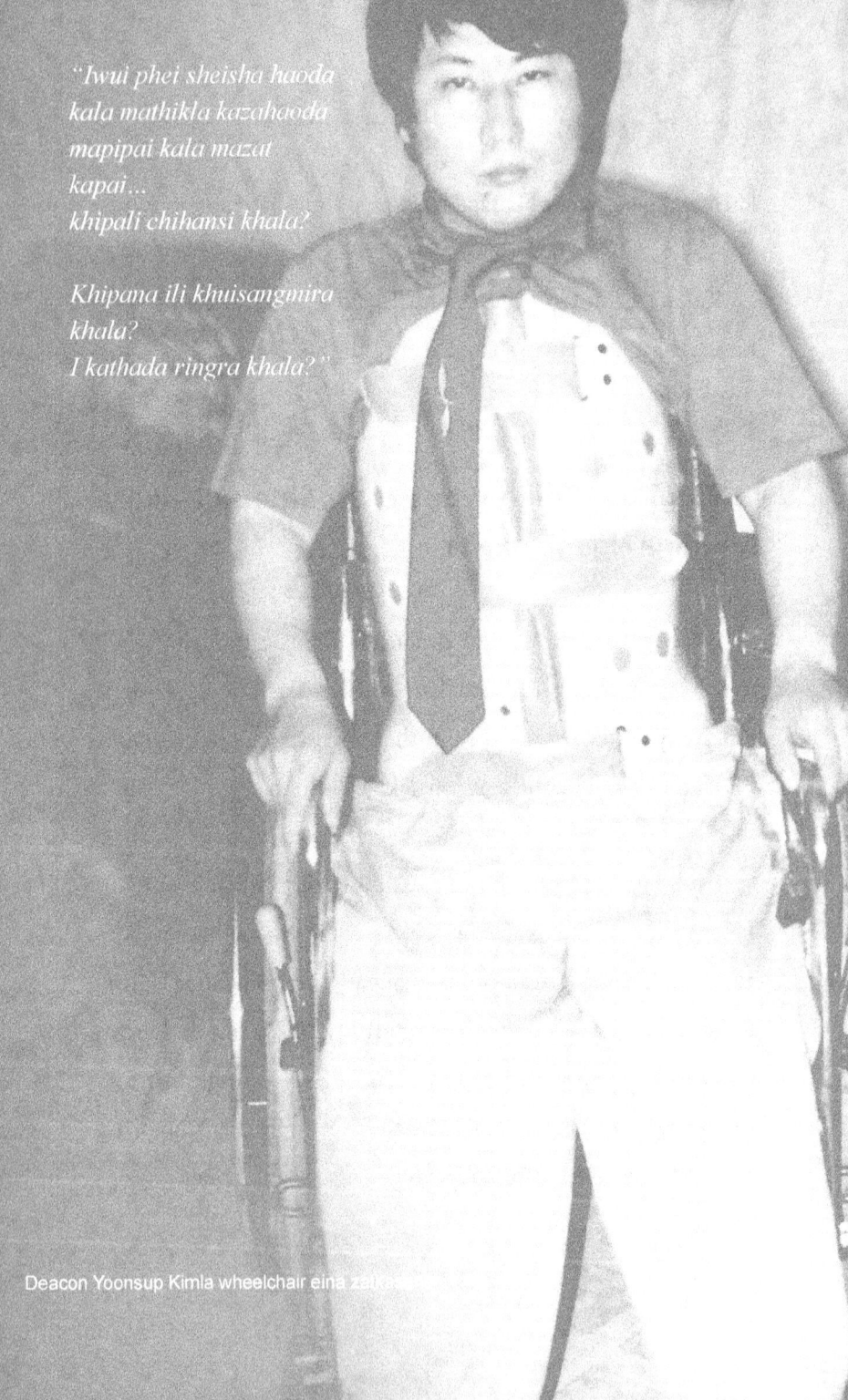

"Hallelujah!
Vare ringda lei!
Ina zata khaleihi matheido?"

Dr. Jaerock Leena seiha samida Deacon Kim kharai samphangda Manmin church member bingli ngasoda ringpha ngaruma.

Hiyakha kasak atamli Kimli paokapha hangmida Manmin churchli rakalaga Christali khuisang haowa. 1998 November kachangli Special Meeting for Divine Healing program akhali rakarasada Kim matakhak kahai samphang haowa. Service chili ava mapampai mada restroomli kahaina. Ina seiha sakhami eina wheelchair horhaida nganingkalaga zathaowa.

Hithada Deacon Kimna raichao khavai church rakachinga kala seiha kasa mangasamlak mana. Kala 1999 May kachangli saki kaji Seventh Two-week Special Revival Meeting razang khavai ana zimiksho 21 kakhum eina seiha sai. Hithada first sessionli ina kakazanao bingwui vang pulpit eina seiha kasa tharan Deacon Kimna awui phasali kahor akha kharachi thei. Kala Meeting chiwui kakhane haptali ina pang parda awui vang seiha sakhami tharan phasa ngavengsang haowa. Hithada Mangla Katharawui meina awui mangali khara tharan maphakhuilakla pangsang haowa. Chili ana awui khamshui bingchi horhailaga nganingkalaga zathaowa.

Varewui pangshap manga eina Deacon Kim khangacha thada zathaowa. Kala ana cycle eina tangda thaolaga churchli rara rai. Langmeida masangleila Kim shakza khuida ara ringkapha mirinli okthuida lei.

Handkerchiefli Seiha Sakhami eina Wheelchair Horhaida Nganingkaka

Bibleli kapi kahai Varewui matakhak kahai otshot chiwui vang Manmin churchnala Vareli maso chikata. Hikatha otshot hiwui ngachaili handkerchiefli seiha sakasang manga eina aruila kazat raingarokta lei.

Otsak 19:11-12li kapihai, "Varena Paulli shichinalaga khangacha makashoka matakhak kahai sai. Ana shikachina romala (handkerchief) kala shannei kachonla kakazanao bingli khuivada kazat raimi, kala kameola athumwui eina shok-haowa." Hithada ina handkerchief akhali or ot akhawui tungli seiha sasang kahai eina kakazapa china chili sakaza tharan kazat kharai shoka. Hi kasha eina okathui apam kachivali vada handkerchiefwui crusade vasa khavai mi kachungkhana porai. Hithada Africa, Pakistan, Indonesia, Philippines, Honduras, Japan, China, Russia kala katei ngaleili hikatha matakhak kahai

Varewui pangshap vasa chitheiya.

2001 April kachangli Manmin churchwui pastor akhana handkerchiefwui crusade akha Indonesia ngaleili sada mi kachungkha kazat kharai samphangda Vareli maso chikata. Athumwui ngachaili wheelchair eina kazat rida statewui governor sakasa zanga. Chili handkerchiefli seiha sakasang manga eina ana kharai samkaphangchi kahaka khararchan ngasathui haowa.

2003 wui May kachangli Manmin churchwui pastor akhanala Chinali handkerchiefwui crusade vakhuikada mi kachungkhawui ngachaili zingkum thumrada mati khamshui singda zatkasa mi akhala kharai samphang haowa.

Indiali Matakhak kahai Kazat Kharai Shokta Ganeshla Awui khamshui Horhaowa.

2002 zingkumli India ngalei Hinduna khamung Chennai Marina Beachli Miracle Healing Prayer Festival service sada mi million kathum rakazipa, kala chili mibingna matakhak kahai ot

"Iwui phasali panglikor chikona
hapkakhanochi ara matheimilui mana!

Ngasheina haida khanganing eina tangda
mararsa mana, kha ara I zathei haira!"

Dr. Jaerock Leena seiha samida Ganeshla
kazal samphang haowa.

kashokchi theida mi kachungkha vareshi ngasa haowa. Crusade hili arakui tekahai kala thingeira ot makasa hikathahi raiphok haowa.

Kazat kharai samkaphang miwui ngachaili zingkum tharada tharuk kakahai Ganesh kaho mayarnao akha zanga. Ahi cyclewui eina tatungda yarvakwui phasapam akhawui arakui tekahaina. Ashi shimkhur pheisawui kasak leihaoda awui kazat mayangrarla leikasana. Zingkum akhawui thiliya arakuichi suihaida khuikashokli tahaowa. Hithada doctor bingna yotpi chiko thasangda mari akha akhaishangli napsanga, kha mazatpai thumana.

Crusade sada lei kaji kasha eina Ganesh razangda Mangla Katharawui mei kathei samphanga. Zimiksho matiwui crusade kakhane zimiksholi ina kakaza bingwui seiha sakhami tharan Ganeshwui phasachi makang ungda khangashei maleithuwa. Hithada ana ngalangda mangali shoklaga kazat kharaiwui maramli shokhanga. Hithangwui eina thuida awui phasali khikha khangashei maleilakla zatshap haowa.

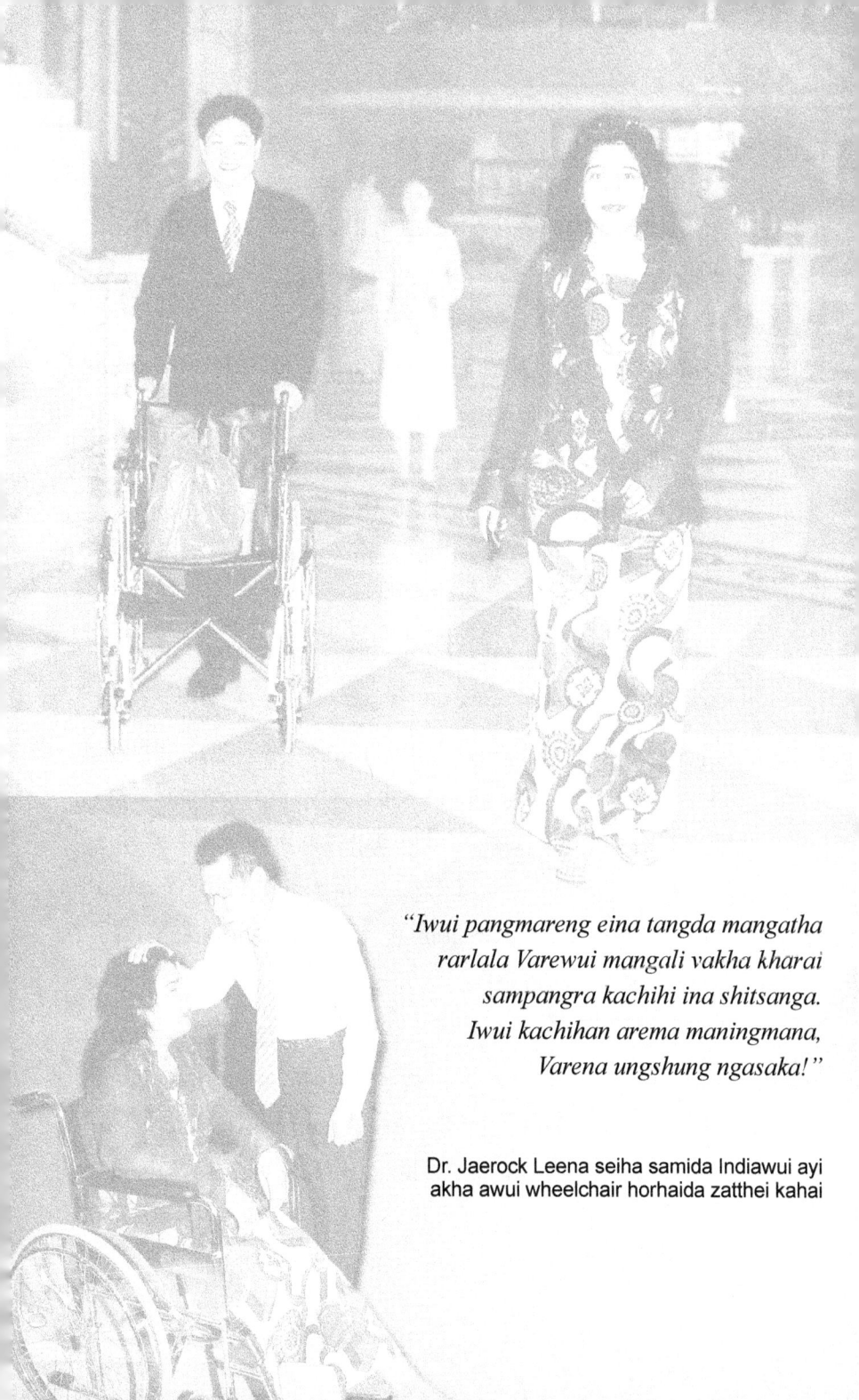

"Iwui pangmareng eina tangda mangatha rarlala Varewui mangali vakha kharai sampangra kachihi ina shitsanga. Iwui kachihan arema maningmana, Varena ungshung ngasaka!"

Dr. Jaerock Leena seiha samida Indiawui ayi akha awui wheelchair horhaida zatthei kahai

Dubai Ngaleili Shanao akhana Wheelchair Horkahai

2003 wui April kachangli ina United Arab Emirates Dubaili leida leilaga Indiali kaphara shanao akha ina seiha sakhami eina awui wheelchair horhaida zathaowa. Ahi United Statesli lairik katam mi akha sada thangmeilaka. Kha khikha maram akhawui eina ahi ningwui kazat kazada accident vashok kahaina.

Ina kathei tharan ahi mazathei mana, tuila mamatui mana, kala awui mikchanra eina tangda masingrar mana. Himang maningla tara mangkida glass eina tangda makhangka rarmana da ana hanga. Kala ngasheina kahai vang ali mi khipa khana masaza ngasak mana. Hithada leilaga ina seiha sakhami eina awui wheelchairchi horhaida nganingkara sai. Khikha pangshap maleila leikasa atam chitharan ana nganingkada zatkahai chi theilaga ila matakhak haiya.

Jeremiah 29:11li hanga, "'Nathumwui vang ina ngaranping kahaina, zakashi sakhavai kasa maningmana, kha kaphawui vangna, naoda nathumwui kachihanchi ungshung ngasakrada

Prohona hanga.'" Hithada ithumwui Avava Varena kashivam maleilakala ithumli leishina kahai vang Awui nao mayara eina tangda mihaowa.

Chiwui vang eina nathumna kazat leida kachot kachangwui mirinli okthui salala Ava Vareli shitsangda kachihan leilaga ringpha shapa. Khangacha eina Varena Awui naongara bingli machot ngasakngai mana. Atam kachida mi kachivali chingri eina ringphada okthui ngasak khangaina.

Mark 2li kapi kahai sheikasha mipa chiwui khararchan manga eina nathumwui ningkachang kala seiha ungshung khavai apong theihaira. Nathum kachivana shitkasang eina Varewui khorkhong ngasada sokhami samphang khavai ina Proho Jesuwui mingli seiha kasana!

Message 8
Mibingna Ringphada Dance salaga Laa Sara

Mark 7:31-37

Jesuna chiwui thili Tyre apamwui eina Decapolis apamli ngaruivalaga Sidon angaruishokta Galilee ngayivak hanung haowa. Mi kaikhana khana makasha kala khakla makashok akha khuirada Jesuli awui pang parzami khavai rapoi. Chieina Jesuna amangli thankhuilaga yaruiwui eina thuihaowa kala akhanali apang tharasanga kala apangli machora mashororlaga kakazapawui maleili sazaya. Kala ningrei khashut kazingram yangkada ali hanga, 'Iphatha' kaja 'mathing hao' kajina. Ngalangda mipa chiwui khana mathing haowa, amalela ngathapai haoda miwui khangacha thahaowa. Chieina Jesuna mi khipalikha mahangpailak mara da athumli ningmi. Kha khamlala athumna mataimeida hangzata. Kasha saikorana matakhak haoda, 'Ot saikora ana phalak eina samihaira; khangakhokala shangasaka kala khangasha alila matuingasakli' da hanga.

Matthew 4:23-24li hithada kapi kahai ithumna samphanga:

Jesuna Galileewui apam saikorali vada athumwui synagogueli tamchithei, wungramwui paokapha hashoka kala mibingwui kazat ayayava raimi. Chithada sada Syria ngalei saikorali awui mingzatchi ngayaovaser haowa. Chieina athumla kazat yur ayayava eina kakaza kala kazada chotchang kahai mibing, kameo kazangbing, zingmeirai kakazabing, kala sheikashabing awuili khuirai kala ana raimisera.

Jesuna Varewui tui kala kazingramwui paokapha mang matamchithei mana kha kazat kachungkhali raimizata. Mikumowui pangshapna masa kharar kazat bingchi raikhami eina Jesuna hakashok tuibingchi wuklungli tazangda kazingram zang khavaiwui shitksangchi leishap haowa.

Jesuna Khana Khangakhoka kalaKhak Makashokali Raikhami

Mark 7hi Jesuna Tyre wui eina Sidon ngalei vakhavai kazat tharan Galilee yireiwui eina Decapolis shong vada khana khangakhok kala khak makashok akhali raikhamiwui kharachanna. Hiwui mipahi nganuilakhava matuisalaga naoda khana ngakhok kahaili tai.

Khana ngakhokta tui makashok kajihi khana mashathuda tui matam kakhui eina kharana. Khana ngakhokta tui makashokwui maram kachungkha lei. Rimeithuida asheewui eina rapai. Kakhaneli ava china nao vaida leilaga rubella (German measles) kazat kakazawui eina shokpai kala ari yonda kashawui einala shokpai. Kakathumali nao china zingkum kathum maningkha mati kaka tharan meningitis kazat kaza haikha khana ngakhokta tui makashok ngasapai. Bradyacusia kazat kakazali khanawui eardrum shoihaida makashala shokpai. Kalikha thingneirawui problem leikha chinala ngasapai. Akhon kazar apamli ot kasa eina naoda khana makashala shokpai.

Langmeida kameo zangda tui makashok kala khana ngakhok kahai ngasapai. Hikathawui eina kharana chikha manglawui pangshap kasinga mi akhana kameochi kasham kahai tharan ngalangda sha matuihaora. Mark 9:25-27li tui makshok mayarnao akhali Jesuna "Khangasha kala khangakhoka kameo, ina kakasona, awui eina shok-ulu kala marazangluilak alu," (v.25) da kakahar tharan manglachi thuihaida mipachi phahaowa.

Varena ot kasa tharan kazat kashina problem mamirar mana kajihi shitsanglu. Hiwui vang eina Jeremiah 32:27li hithada kapihai, "Yanglu, I Prohona, phasa khavai saikorawui Varena. Iwui vang sakhana leila?" Laa 100:3lila hanga, "Proho I Varena da theilu, ithumli kasachi ana, ithum awuina; ithum awui misera, awui seihomphungwui yaonao sera," kala Laa 94:9lila hanga "Khana shomkhame china mashamala? Mik wutkhame china matheimala?" Ithumwui phasa alik alak semkhamiya Vareli shitkasang tharan ot katonga sapaisera. Hi Jesuna okathuili leilaga chitheiser kahaina. Mark 7wui athishurda Jesuna khana khangakhok kala tui makashok mipa chili raikhami tharan mipa chiwui khanala khangacha onhaowa.

Ithumna Jesuli shitkasang mang maningla mapung kapha shitkasang eina Varewui pangshap kapo tharan Bibleli hangkahai thada ithumlila mira. Hiwui vang Hebrews 13:8li hithada hanghai, "Jesu Christa ayala, ajala kala khanao eina tangda chiching," kala Ephesians 4:13li "Chieina ithum saikora ithumwui shitkasangli kala Varewui nao mayara pongli ithumna kathei chili khokha saphalungra. Christawui kashungchao kahai chili kangaphan khavai ithum mapung kapha mi ngasa phalungra."

Kha thingneira ot makasawui eina khana ngakhok kahai kala tui makashok kaji hiya raikhamiwui lemmetna marairar man. Kakazapa china mapung kapha mi ngasada Jesu Christali khara manga mang eina Varewui pangshap samphangda seiha salaga raikhuiki kajina.

Manmin Churchli Khana Khangakhokali Raikhami

Bradyacusia kazat raimi kahai kachungkha shok-haira, kala

Khana khangakhok bingna kharai samphangda athumwui ningkashi laa

"Nali ngaraida nana mikahai mirin hieina ithumna okathuili ringra

Mingshen thada kahing beiti mana nali rarali."

Zingkum 55 kaka eina Deaconess Napshim Park khana khangakhok eina kharai samphangda Vareli ningkashi khami kapharawui eina khana ngakhok kahai kachungkhala kasha samphangda lei. Mi khanila zingkum 55 kala 57 kaka eina kasha samphang haowa.

2000 zingkum September kachangli Japanwui Nagoya apamli Miracle Healing Festival kasa eina khana mathada makasha tharada mi kathumli seiha samida kharai samphanga. Hiwui paohi Koreawui khana makasha bingna shada 2001 zingkum May kachangli kasa Two-week Special Revival Meetingli razangda athumla kharai samphang haowa.

Athumwui ngachaili accident shokta zingkum chishat khana mashamada tui mamatui kathei zingkum 33 kakahai shanao akha zanga. Meeting hili marazang ranglakha ana seiha sakazakta ngaraipama. Chiwui eina ala thankachi "Daniel Prayer Meeting" hili rakada awui morei katonga phaningungda ning rangateikhui. Hithada meeting hiwui last sessionli iwui pang ali parda seiha sami, kha khikah khangatei malei thumana. Kha ana maringkapha masala kazat kazada raikahai katongawui khararchanchi phaning-ungda ala raiphalungra kajihi shitsangtita.

Varena awui shitkasangchi theida Meeting kuphai khaleoda ala kharai samphang haowa. Hithada meeting kupkahaiwui thili eina tangda ina Varewui pangshap kathei samphanga. Langmeida ana medical test vasaluida raichao haira kaji declare sahaowa. Hallelujah!

Kapharawui eina Khana Makasha Raikahai

Varewui pangshap–hi zingkum kachida pangmeida chithei mamana. 2002 zingkumli Honduras Miracle Healing Crusade chili khana makasha kala tui makashok mi kachungkha kharai samphanga. Security shipai akhavawui nao ngalavala crusade chili awui khana makashachi raikhuida ana Vareli ningshi kachangkhata.

Madcline Yaimin Bartres kaho zingkum 8 kakahai khana makasha shanao akha leisai. Crusade sada lei kaji kasha eina ashavali apam chili khuivamilu da ana poi. Hithada ina kakazanao bingwui vang seiha sakhami eina ala kharai samphang haowa. Ashavana crusade chili mathada sheba kasa eina Varena anao ngalavali sokhamina.

2002 kumli India Miracle Healing Prayer Festivalli Jenniferla Shakhavai Akapnaochi herhaowa

Indaia crusade kasali kazat raikahai bingwui aming katonga makapi khuirarlala kaikhawui vang Vareli masot mingayilaka. Athumwui ngachaili kapharawui eina khana makasha Jennifer kaho shanao akha zangsai. Doctor bingna ali 'shakhavai akapnao akha sanglu, chithakha naoda phakasang shokpai' chihaoda akapnaochi sangda okathuina.

Jennifer ashavana awuivang seiha sami chingda crusade chilila razanga. Ashava eina Jennifer anina speaker hakmeithui kaji ngalemli vapamda message ranganai. Crusade chiwui khanaowa zimiksho thanga mi chungna haida speaker ngalemwui seat chila mangachang thuda ani seat apam kateili vanganingthui haowa. Chili ina kakazanao bingwui vang pulpitli seiha sakup khaleoda Jenniferli akhon pangna haowada awui shakhavai akapnaochi

Kapharawui eina khana khangakhok Jennifer kharai samkaphang
kala awui doctor bingna maso kachikat

CHURCH OF SOUTH INDIA

Phone : 827 11 01
           858 23 08

MADRAS DIOCESE

C. S. I. KALYANI MULTI SPECIALITY HOSPITAL
15, Dr. Radhakrishnan Salai, Chennai-600 004. (South India)

Ref. No.   Date 15/10/03

To whom it may concern

Miss Jennifer aged 5 yrs has been examined by me at CSI Kalyani Hospital for her hearing. After interacting with the child and observing her and after examining the child, I have come to the conclusion that Jennifer has definitely good hearing improvement now than before she was prayed for. Her mother's observation of her child is far more important and the mother has definitely noticed marked improvement in her child's hearing ability. Jennifer hears much better without the hearing aid, responding to her name being called when as previously she was not without the aid and

Audiogram Results

Moderate to Severe Sensori-neural hearing loss re 50% - 70% hearing loss - Chuk...

Medical Officer,
C. S. I. KALYANI GENERAL HOSPITAL

khuishok haowa. Hallelujah!

Medical record chiwui athishurda akapknaochi masang akha Jennifer khikha masharar mara da leikasana. Apong kateili hangsa chikha Jenniferhi 100% kashawui pangshap shiman kahaina, kha ina seiha sakhami manga eina 30-50% phasang haowa. Otorhinolaryngologist Christinana yangda Jenniferwui maram:

Zingkum 5 kakahai Jenniferwui khana makashawui vang ina C.S.I. Kalyani Multi Special Hospitali yanga. Ina mathalak eina khayang atam chitharan ali seiha sami kahaiwui thili awui khanachi phasing haowa. Jennifer ashavawui theikakhuila maram chalaka. Anala anao ngalavachi phasang kachangkhat haira kaji tuichi hanga. Hithada mibingna Jenniferli mibingna kaho tharan mathalak eina shashap haowa. Seiha kasa mazangsa akha hikatha mashok mara.

Shitsangda khangarai bingli Varewui pangshap chitheimi. Hithada mi kachungkhana Christali kazang manga eina kazat raikahai shakhi kachungkha lei.

Nganuilakhawui eina khana ngakhok kahai athum bingliva Varena rilak eina raimichao machimana. Kaja ngalangda shasher haosi kaja maphungrarki kaji lei. Kha rarkahai mi akhana khana ngakhok kahai kaji hiya ngalangda raimilala kakai maleimana. Hi theida mibingna kathahao khala chilapai, kha naoda phap tangaroka.

2003 April kachangli United Arab Emiratewui Dubaili khava tharan cerebral meningitis kazat kazada tui mamatui kathei zingkum 32 kakahai shanao akha leisai. Ina seiha sakup khaleoda shanao china tharlak eina hanga, "Ningshi haira!" da hangshokra sai. Hiwui tuiyarhi zingkum kathumwui thili ramatui kashokna da ashava ashavāna ili hanga.

Tui Matuithei Kashap kala Khana Shakashapwui Pangshap Samphang khavai

Mark 7:33-35li hithada hanga:

Chieina Jesuna amangli thankhuilaga yaruiwui eina

thuihaowa kala akhanali apang tharasanga kala apangli machora mashororlaga kakazapawui maleili sazaya. Kala ningrei khashut kazingram yangkada ali hanga, 'Iphatha' kaja 'mathing hao' kajina. Ngalangda mipa chiwui khana mathing haowa, amalela ngathapai haoda miwui khangacha thahaowa. Chieina Jesuna mi khipalikha mahangpailak mara da athumli ningmi. Kha khamlala athumna mataimeida hangzata. Kasha saikorana matakhak haoda, 'Ot saikora ana phalak eina samihaira; khangakhokala shangasaka kala khangasha alila matuingasakli' da hanga.

Hili "Iphatha" kajiwui kakhalat-hi Hebrew tuili "Kasho" kajina. Hithada Jesuna apuk apaka kasemwui akhon eina khavao tharan mipa chiwui khana shohaowa kala male ngatar haowa.

Khiwui vang eina Jesuna "Iphatha" da hanglaga khanakhurli pangmareng tosanghao khala? Romans 10:17li hanga, "Chithada sada kasha eina shitasang shoka kala Christawui apong hakashok eina kasha samphanga." Hithada mipa hina khanava mashala shitkasang leikida masapai mana. Langmeida mipa china raikhavai Jesuli samkaphang maningmana, mibingna thada Jesu mangali khuikhara mana. Awui khanali pangmareng tokasangwui kakhalatva chiwui manga eina shitkasang leikhavai kasana.

Jesuna kachithei pangshap chiwui mangla kakhalatchi phap kata eina ithumna Varewui pangshap samphang paira. Ithumna khimamei sara khala?

Rimeithuida ithumna raikhamiwui shitkasang leiphalungra.

Mi akhana kazat raira chikha kateonao manglala shitkasang leiphalungra. Kha Jesuwui atam machitha thuda atamna reikasang athishurda khana ngakhok hailala paokapha khuisangkida apong kachungkha lei. Thuikahai atamli Manmin churchli sermon kachungkha apong ngatateida khalatshoklaga mili phap takhavai sai. Kala websiteli kazang kharewui messagebing chila kharupkhuida khalatshoka.

Aruihon atamli lairik, newspaper, magazine, kala video eina audio cassette tape manga eina nathumna shitkasang mataisang ngasakpai. Hithada shitkasang leikhaleoda Varewui pangshap samphanga. Mi kachivana hikatha shitkasang leikhavai ina chancham kachungkha hangmi haira.

Mathangli Ithumli Pheomi Phalungra.

Mipa chiwui khanakhurli pangmareng tosangda yangkahaiwui thili khiwui vang eina Jesuna machora eina awui male sazaluihao khala? Hiwui mangla kakhalatva mikumo akhali morei pheomikida tarali rahik phalungra kajina. Tara eina rakahik kajihi ithumna Varewui tui manga eina morei katonga pheohai phalungra kajina. Varewui pangshap theikhuikida mi akhana rilak eina awui morei pheohai phalungra. Mipa chiwui khamakhaochi tara eina pheokhami sharukli Jesuna awui machora shichina. Hina mipa chili pheomi haira da kachitheina. Isaiah 59:1-2li hanga, "Yanglu, huimi khavai Prohowui pang shakhana maningmana; shakhavai khana mangazan mana; kha nathumwui khayon khamang china Varewui eina ngatei ngasak kahaina; kala nathumwui moreina awui mai ngareithui ngasak haida nathumwui kapo makashana."

2 Thotringchan 7:14li Varena "Iwui ming eina hokhui

kahaiya iwui mibingna ning ngateida seiha sakha kala ili phada makhaya otsakwui eina lat-ung akha, ina khuisangmira, kala athumwui morei pheomida raimira," da hangkahai thada ithumwui seiha kasa ngahanka ngasaksa chikha thuikahaiwui moreichi phaningunda ning ngatei phalungra.

Khiwui vang eina Ithumna Ning Ngateira khala?

Khareli Vareli mashitsang mada Jesu Christali makhui kasangwui vang nathum ning ngateira. John 16:9li Mangla Katharana ithumwui makapha kala morei chitheimira da Jesuna hanga. Jesuli makahui kasang kajihi moreina kaji theida nathum shitsangda khuisang phalungra.

Kakhaneli nathumna nachina ngarali maleishithei mada leikha ning ngateira. 1 John 4:11li hanga, "Leikashebing, Varena ithumli hiyakha leishi akha, ithumla akha eina akha leishi ngarok phalungrali." Hithada nathumna nachinali mayangkharing haila zami khangmida pheomiki kajina. Nathumwui yangkashiya lila leishi phalungra kala athumwui kapha sami phalungra. Nathumna mi saikorali leishishap kahai tharan lukhamashan kala raikhamiwui ot shokra.

Kakathumali nathum khalatawui vang mang phaningda seiha sakahai chiwui vang ning ngateira. Hikatha seiha kasahi Varena ningkachaiya. Ana mangahanka mimara. Nathumna Varewui kaphaning athishurda seiha saphalungra.

Khamateli nathumna ningkhamaong katha leihaikha ning ngateiki kajina. James 1:6-7li kapihai, "Seiha kasa chitharan shitsangda ning khamaong maleila pophalungra; khikhala chila ningkhamaong a chiya masina yireiwui tara ngaphao khangasak kathana. Chikatha mi china Prohowui eina khikha samphangra kaji maphaning aranu." Hithada ithumna shitkasang eina seiha sada Ali ningyang ungasaki kajina. Langmeida Hebrews 11:6li "Shitkasang maleila khipanakha Vareli ningyang maung ngasakrar mana," da hangkahai thada ningkhamaong maleila seiha saphalungra.

Kaphangali Varewui ningkhami makhamayonwui vang ning ngateira. Jesuna John 14:21li "Kachi kathana iwui ningkhami khuisangda mayon akha a ili leikashiyana. Ili leikashe chili ishavanala leishira; inala ali leishida I khalata ali phongmira" da hangkahai thada nathumna ningkhami mayonda leikashiwui shakhi kachithei tharan Varena ngahanka maira. Atam atamli vareshi bingla accident shokta lei. Hi athumna Prohowui zimiksho makhamayon kala tithe makhamiwui vangna. Athumna vareshiwui angayung ain Ningkhami tharachi makhamayon tharan Varena mangakmi mara. Varewui ningkhami khamayon binga accident kashokli mazang mana. Varena kanmida accident kashokli zangsalala sakaza maleingasak mana. Hi Varewui leikashi kachithei shakhina.

Maram akhali hangsa chikha seiha sakhami eina Vareli mathada makathei bingla kharai samphanga. Hi athumna Vareli mathada matheimana chilala athumna church rakada khaleihi shitkasangwui otsak ngasa haida kajina. Kha Vareli mathada theilaga Awui ningkhami makhamayon chitharan hina moreiwui phakho ngasada athumna kazat kharai masamphang mara. Overseas Great United Crusadeli meomali khokharum mi kachungkhana kazat kharai samphang kahaihi church rakakawui vangna. Hithada church rakakawui otsak-hi Varewui miktali shitkasangwui shakhi ngasa haowa.

Katharukali nathumna atha yaokahai malei akha ning ngateira. Galatians 6:7li "Kachichana khayaochi kachichana hatra," da hangkahai thada Varewui pangshap theikhui kida nathum ning sangda church kaching phalungra. Phasa eina yaokahaihi phasa kaphawui sokkhami samphangra kaji phaning-ungalu. Kala nathumna lan eina yao akha chi samphang papamra. Hithada nathumna mayaola hatkhuingaida leikha ning ngatei phalungra.

1 John 1:7li kapihai, "Kh ishameiwui thada ithumla kahorli okthui kha ithum akha eina akha ngashik ngaroka, kala anao mayara Jesuwui ashee chieina ithumli morei saikorachi tharngasakmi." Langmeida Varewui tuingashit-hi 1 John 1:9 lila hithada hanga, "Ithumwui morei Vareli hangphat akha ana awui tuingashitchi makaimara, kala sami khangayichi samira. Ithumwui moreila khayon sakahai saikorawui eina ana tharmira". Chiwui vang eina thuikahai mirinchi phaningungda ning ngateilaga kahorli zangkhavai salu.

Nathum Varewui lukhamshan manga eina kapopo saikora ngahanka khami ngasaranu, kala phasa kaphawui sokhami mang maningla mirinwui sokhami katongachi samkaphang ngasanru kajihi ina Proho Jesu Christawui mingli seiha kasana!

Message 9
Makhangachei Varewui Khangaran

Khalatlui 26:16-19

Ara proho Varena shiyan chikanhi saser khavai nathumli kakasona; chiwui vang eina ningla manglala sakhavai mamalailak alu. Nathumwui Varewui athi shurada, awui shiyan chikan mayonra da kala awui kahang nganara da Prohowui mangali hangphat haira; Prohonala ngashit kahai athishurda, nathum awui mi laka da aja hangmi haira; kala awui kahang ngana phalungra chihaira.

Kala ana hangkahai athishurda, yur saikorawui ngachaili khayala, masotla, ming khamayangla nathumli chuimeikap ngasakra; chili langda nathum Prohowui kathara miyur sara.

Hakmeithui kaji leikashi hanglu chikha mibingna anaoli avana leikashichi hanglapai. Isaiah 49:15li kapihai, "Na mangda khalei naoli avavana malaishapla? Awuk eina kashok naoli malumashan marala? Athumna malaihai salala, Iya nali mamalai mara." Hithada Varewui leikashihi ava akhawui leikashi chili machansampai mana.

Leikashi Varena mi saikorali huikhami mang maningla katang makhavai mirin samphangda kazingramli ringkapha eina pan-ngasakngai. Chiwui vang eina Ana awui naongara bingli kachot kachang kala chang khayangwui eina makarmida kapopo mingai. Vareva ithumli okathui hili ringkapha samkaphang mang maningla kazingramlila ringkapha samphangasak ngai.

Ara leikashi alungli Varena mayakhami Manmin Central Churchli kashok maran tui ithumna yangsa.

Leikashi Varena Mangla Katongali Huimi khangai

2 Peter 3:3-4li hithada kapihai:

Rimeikapta hi nathumna phap taphalungra kaja khanaowa zimiksholi khalatawui khamathangna yuikahai mibing rara. Athumna nathumli manashira, kala hithada ngahanra, 'A raluishitra da ana ngashit kahai maning? A kali leili? Ishawo ishayi ngarala thiser haira, kha okathui kasa haokaphokwui eina thuilaga arui rashungda chiching papama."

Ithumna khanaowali shoki kaji maramli kahang tharan mashitkasang mi kachungkha leira. Zimikna shok kala zanga, mibingli pharai kala thi, kala reikasanga ngacheichinga kaji thada athumwui ningli ot katongahi katang mavai mana da phaninga.

Mikumowui mirinli hakaphok eina katang khalei thada okathuiwui haokaphok eina katangla leipapama. Varewui atam ungkashung chitharan okathuiwui khanaowa atamchi rara. Adamwui eina thuida leikasa mi katongali bichar sara. Mi akhana okathuili kathada ringsa khala kajiwui athishurda ana kazingram zangra.

Jesu Christali zangda okathui mibinga kazingram zangra. Kha pao hashoklala Varewui tuili mashitsangla morei lungli okathui mibinga meifa vara. Hina maram sada mangla akhamang mataisanglala chida okathui vapeida kathak eina Varena pao hashok ngasak khangaina.

Khanaowa Atamli Varewui Pangshap Kachithei

Varena Manmin Central Church lingkada matakhak kahai Awui pangshap kachitheiwui marama hina. Ana Awui pangshap kachitheiwui marama mi saikorali A lei kala kazingram eina meifala lei kajihi hang kachitheina. Jesuna John 4:48li, "Nathum hiya kahahaka kala matakhak kahai otsak mathei ranglakha eina tangda mashitsang mana," da hangkahai thada makapha kala okathuiwui awor mataisangda khalei atam hili Awui pangshap kachithei darkar salak haowa. Hina maram sada Varena Manmin churchli somida reisang ngasaka.

Langmeida mikumoli ngatang khamiwui khanaowa zimikshola rara lei. Varewui atam mararang eina tangda mibingli huimi khavai Awui pangshap darkar sashon sathai. Pangshap wui manga mang eina mibingli kathak eina huikhui shapa.

Rekakharek chungna leihaida okathui apam kaikhali pao mahashokpai. Hina maram sada mi kaikha paokapha masharanga. Langmeida Proholi shitkasanga bingwui ngachailila mapung kapha mi machung mana. Luke 18:8li Jesuna hanga, "Chitha mangmada miwui nao mayaranao rathanghon A rarada shitkasanga mi okathui hili leisarala?"

Mi kachungkhana church kai, kha okathuiwui mibingli khangatei maleila athumna morei lungli okthuida lei.

Missionwui vang okathuili yaokazat tharan pao hakashok

makhamaya kala churchli rekakharek ngalei kachungkha samphanga. Ngaleibing chiwui ngachaili Muslimna khamung Pakistan, United Arab Emirates kala Hinduna khamung India hina. Ngalei hina vareshiwui maramli mamaya mana chilala paokapha hakashok mang hashok-hai akha mi kachungkhana ngahankai. India naona meomali khorum haowa chilala Varewui pangshap ratheihai akha mi kachungkhana Jesuli khuisang shapa. Hi Varewui pangshap kachitheina.

Lui khavanao akhana atha yaoda hatkakhui chithada Varena pangshap shichinda khanaowa atamli huikhami samphang khavai mibingli hatkhuingai.

Bibleli Phongmi kahai Khanaowa Atamli Shoki kachiwui Achukbing

Bibleli phongkahai kahai hiwui athishurda ithumhi khanaowa atamli okathuida lei kaji hangshapa. Varena horzak kahai zimiksho kala atamchi mahangmilala khanaowa atamwui maramchi hangmida lei. Muiyawui athishurda kazing marda rora maromara kaji hangkashap chithada Biblewui thotchan hiwui athishurda khanaowa atamchi theikapai lei.

Chancham sada Luke 21li hangda lei, "Nathumna raipao kasha chitharan malung matatunghai alu; kaja chi shokri phalungra kha khangachang atamchi heng sada marafa mara" (v.9), kala "chitharan neina panglak eina nganukra kala apam kachungkhali chamrei eina mimao, samao rara; matakhak kahai kala khangachee machut kachungkha kazingramwui eina shokra" (v.11).

2 Timothy 3:1-5 lila hithada kapihai:

Hi theilu, kaja khangachang zimiksholi kachot kachang kachungkha rara. Mibingna kachicha khalata leikashi, khangamar, langkaso, kahik, kachipat ava avawui kahang makhangana, ningkashi makathei, dharma makhalei, lukhamashan makathei, phaningkhami makhalei, mashat kazar khalata makhangarin, sakashi, kaphali yangkakharing, mikhanam, ningai kasa, kachor kashi kala Vareliva khalatawui ningyang khaungli mataimeida leishira. Athumna akorli phakharek dharmarinwui otsak salaga kachangkhat chiwu pangshapliva makhuisang mara.

Okathuili achuk (sign) sada sakashiman kachungkha shokra, kala mikumona makapha mataisangra. Hapta kachida accident kashokwui pao ina samphang chingda lei. Hiwui kakhalatva okathuili makapha kala kashiman mataisangda lei kajina.

Kha mibingna hikatha otshot hili sakta makhuimana. Accident kala sakashiman otshot chungnada shok-haida thada khangachana da khuihaowa. Athumna makapha ot kasa, rai sakhangarok, kala siphan zingrot eina neina nganukta sakashiman kashok hikathahi sakta makhuirar mana. Hikatha pao hina newspaperwui headlineli zangchingda lei. Thalala pakhui khaleoda pailak eina malai ngarok haowa.

Varewui khon shada Ali chan khangazek binga okathui thotchan alungli shokta khalei otshot saikorahi theida Prohowui

Latkhara atam nganai haira kaji shankhui mamanda lei.

Khanaowa Atamwui Maramli Phongkhami Maran Tui kala Manmin Central Churchli Varewui Khangaran

Manmin Churchli phongkhami maran tui manga eina ithum khanaowa atamchi nganailak haira kaji hangshapa. Church haokaphok eina thuida presidential kala parliamentary election kasawui maram, kala okathuili kahaka akhava bingwui kathi hikatha thahi Varena hangmaranmi chingda lei.

Hikatha otshot shokra kajihi ina weekly church bulletinli sangmi chinga. Kaji katha saklak kahai maram binga mi teokhameili hanga. Aruihon atamli ina North Korea eina United States khaniwui maramli pulpitli matuichinga.

Hangmaran kahai maran tuihi ungshungsera, kha kaikhava naoda shoki kaji maram ngasai. Naoda shoki kaji maramwui ngachaili khamataiya kha chiva okathui khangachang atam hina. Maran tuiwui ngachaili Manmin Central churchli chithei kahai kaikha ithumna yangra.

North Korea eina South Korea Khaniwui Khangasik Maramli Phongkhami Khare Maran Tui

Church haokaphok eina thuida North Koreawui maramli Manmin churchli chitheimi chinga. Hi church hina ngalei chili paokapha hashok khavai leihaida kasana. 1983 zingkumli South Korea eina North Korea ngalei khaniwui meeting ili hang chitheiya. Meeting chiwui thili North Koreana hunakhawui vang okathui mi saikorali changaroklaga khamong shunghaora kajihi ina thei. Ngalei china khamong shoda leilaga pao kaphachi hashokpaira kaji Varena hanga. Ngalei khani hina meeting sada leilaga Prohowui Latkhara zimikshochi nganai haira kaji tuihi Varena hangasak ngaiya. Ngalei khani china kathuka tui hangarokra kajila ili phongmiya, kha tuichi arui ina mahangfa mara.

Nathum nala North Korea eina South Korea 2000 zingkumli meeting sai kaji theisera. International pressure wui athishurda North Korea ngalei hina okathui katongali atam kasangkha maya khangarokwui khamong shora kajila nathum theida leira.

Okathuiwui Mission Maramli Phongkhami kakhane Maran Tui

Varena mayamida Manmin Churchli okathui vapeida crusade kachungkha sangasaklaga mi million millionli Varewui pangshap eina ngasoda pao kapha hashok ngasakta lei. Hibingwui ngachaili International Cable News Network (CNN) broadcast sakhami Ugandali kasa Holy Gospel Crusade, Middle East Islamic world missionary work wui vang Pakistanli kasa Healing Crusade, AIDS kazat zangda kazat yur kachungkha raikhami Kenyali kasa Holy Gospel Crusade, Philippineli kasa United Healing Crusade, Mangla Katharana panglak eina ot kasa Hondurasli kasa Miracle Healing Crusade, kala Hindu million kathum shikha rakakazip Indiali kasa Miracle Healing Prayer Festival Crusade hibinghi zanga. Hiwui crusade manga eina pheikar kahaka khuida Manmin Churchna khanaowa kharin sada Israel ngaleilila paokapha vaha shokshap haowa.

Hikatha ngatang khamiwui ot sakhavai Varena Adam eina Eveli semda mi mayasang ngasak. Yurjat kachungkhawui ngachaili Jacobwui naothotwui eina khara Israelnaoli Varena kapangkhui. Hithada Israelwui thotchan manga eina mikumoli ngatang kakhuiwui khangaranchi ungshung ngasaka. Kha paokaphahi Varena Israel yurjatwui eina haophoklaga chili latungda ngachang sangai. Kha Israel ngaleili paokapha hakashokhi saklakta lei. Chiwui vang eina Israel ngaleili paokapha hashokida kazingram eina okathui khanganuka Varewui pangshapchi darkar sai. Khanaowa atamli hi ungshung khavai Varena Manmin Church lila hokakhuina.

Jesu Christawui manga eina Varena mikumoli ngatang

kakhuiwui khangaranhi ungshungasak haira. Hithada mi kachivana Jesuli huikhame sada khuikasang tharan katang makhavai mirinchi mi. kha Varena kapangkakhui Israel naona Jesuhi Messiahna kaji mathei thumana. Langmeida Israel naobingli chuilak eina khangka khami eina tangda huikhamihi Jesu Christawui eina kharana kaji athumna matheimana.

Khanaowa atamli Varena Israelnao bingli ning ngateida Jesu Christali khuisanglaga huikhami samphangasak ngai. Chiwui vang eina Israel ngaleili paokapha vahashok khavai Varena Manmin Churchli hokakhuina. Hithada 2003 April kachangli Middle East apamli missionarywui ot hakaphokna. Varewui kaphaningchi ungshung khavai manmin churchna khangaran sara.

Kathara Shim Saka khavai Kakathuma Phongkhami Maran Tui

Varena kachithei athishurda Manmin church haophokta

masangleila okathui mi katongana Awui tekhamatei theikhavai Kathara Shim akha saka khavai ithumli hanga.

Old Testamentwui atamli otsak manga eina huikhami samphangsai. Wuklungwui moreichi leichinglala morei katei masalui akha mi akhali huimipai sai. Old Testamentwui atamli vareshim chiya Templena, chili ain athishurda mibingna Vareli khorumsai.

Kha New Testamentwui atamli Jesuna rada ainchi leikashi eina rachitheida Ali shitkasang manga eina huikhami samphangasaka. Hithada New Testamentwui atamli Varena saka khangai vareshim chiya otsak manga mang eina maningla wuklungwui maramla zangda sakangai. Hiwui shim hiya morei horchao kahai Varewui naongara bingna sakara. Hina Varena Old Testament atamwui Templechi sakhaida manglawui temple semka khangaiwui maramchi.

Chiwui vang eina hikatha shim sakaki kaji mibing chiya Varena ningkachang mi saphalungra. Athuma wuklung eina ahui rimkahai kathara kachihan khaleiya kala leikashina pemkahai Varewui naongara bingna. Hithada athumna kathara shimchi sakaka atam tharan Varena yangda ningyang ungra.

Varewui kathara shim chiya tekhamateina pemra. Shimhi Varena mikumoli ngatang kakhuiwui ringkapha symbol ngasara. Shim hiya okathui mibing saikorali Varewui tekhamatei chithei khavai sahaokida khanaowa atamli sakara. Diameter 600 meter (about 1970 feet) kala 70 meter (230 feet) chuira. Shimhi zimiksho tharuk thang apuk apaka kasem, New Jerusalemwui tekhamatei, kala Varewui pangshap phongkachithei sada aman kasak ot kachungkha zangda decorate salaga semkara. Shitkasanga mi mang maningla Vareli makathei mibing eina tangda shimhi kathei tharan Varewui tekhamateichi theira.

Kathara shimhi kahui samphang khavai manglabing rakazip khavai shim ngasara. Noahwui atamli kashok thada khanaowa atamli makaphana pemkahai tharan mibingna shim chili rangasamda huikhami samphangra. Mibinga Varewui tekhamatei kala pangshapwui paohi shamaman raying mamanra.

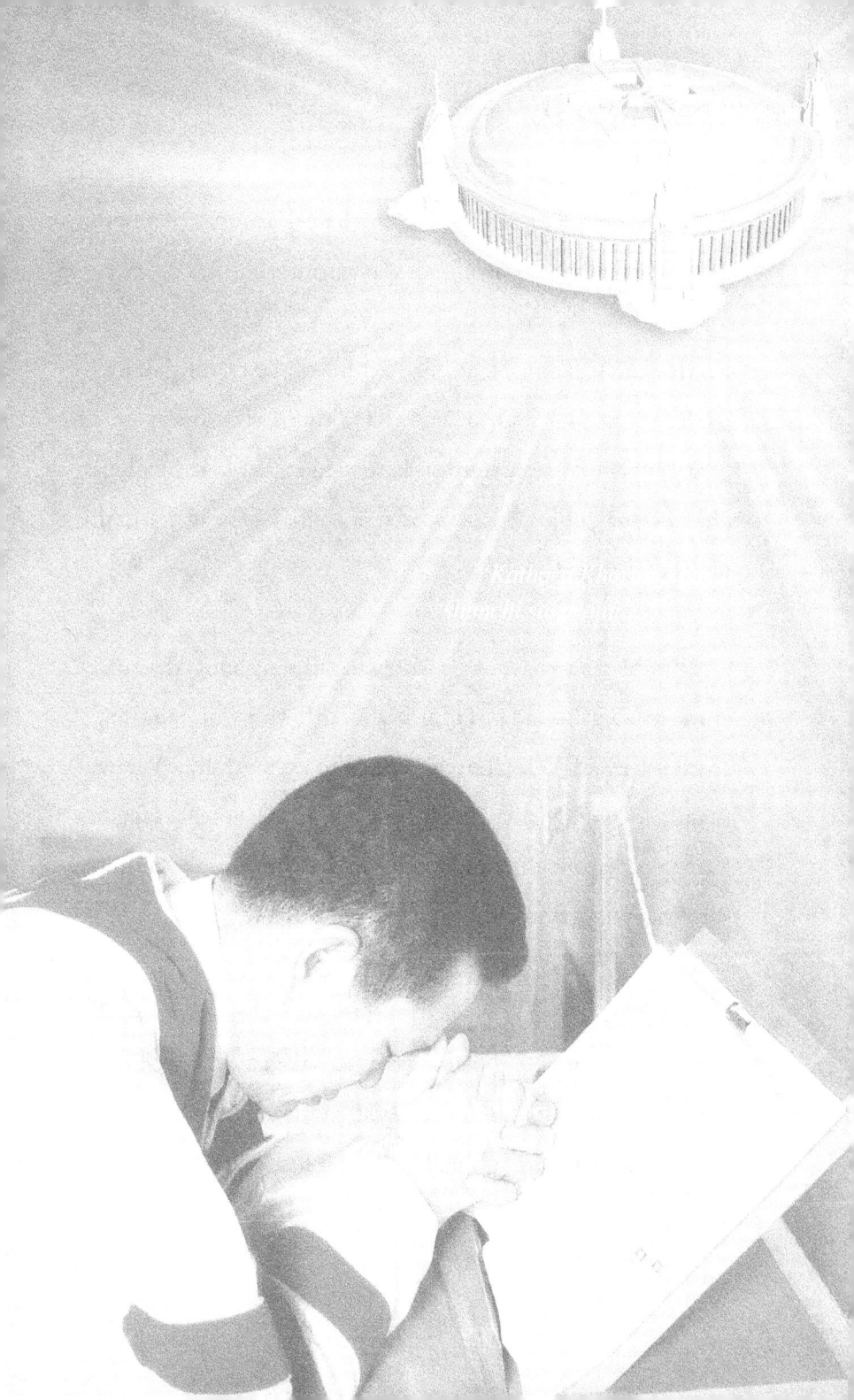

Athumna shimchi rakhayang chitharan athumli Varewui kathuka tui kala manglawui apongla tamchitheira.

Shimhi khanaowa atamli Proho malatra rangalakha paokapha hashok khavai centerna. Shimhi sakakhavai atam nganai-ura chikha okathuiwui kashang kathem kala sina lupa khalei awunga bingli Varena ot sara kajihi Manmin churchli phongmi kahaina.

Shimhi saka khavai kala Varewui tui ungshung khavaina chida arui rashungda Manmin churchli Varewui pangshap chithei chingda lei. Church haokaphok eina thuida Varena thanda lei. Langmeida Proho Latkhara zimiksho eina tangda Varena ot katongali thanda Awui tekhamateichi okathui mi katongali phongchitheira.

John 14:11li Jesuna hanga, "I Avavawuili lei kala Avava iwuili lei kajihi shitsang. Chi maningkha ina sakahai otbing chiwui vang shitsang." Khalatlui 18:22 lila hithada samphanga, "Maran akhana Prohowui ming singda matuilaga, tuichi maungshung akha, chi Prohowui tui maningmanada theilu; maranpana hangphapha kajina chiwui vang mangang alu." Hithada Manmin Central Churchli phongmi kahai marantui hiwui manga eina nathumna Varewui khangaran kala pangshap chiwui maramli phapa tahairara kajihi ina shitsanga.

Khanaowa zimiksholi Varewui khangaran saikorahi ungshung khavai thang ngayakhali Manimin Churchna Varewui pangshap samkaphang maningmana, zingkum maka langda kazangna. Kaphung aton kashung khavai hotkhana kala yireili marikhong huikazat thada Varena chang kachungkha yangda sakakhuina.

Hi mi kachivana tamkhuipai. New Jerusalemli zangkhavai shitkasanghi thang ngayakhali samkaphang maningman; nathumna atam kachida thuimathukta Proho Latkhara honpamki kajina. Saikorali langmei kharda makhangachei shitkasang eina ngasoda nathumna moreiwui phakhochi sakhai phalungra. Hikatha makhangachei ningai eina nathumna manga muikhava tharan Varena nathumli somida seihala ngahanka mira. Langmeida Varena manglawui sashap pangshapla mida khanaowa atamwui vang aman kasaka khorkhong katha ngasara.

Proho malatra ranglakha kala Ali masamphang ranglakha eina tangda nathumwui shitkasang chili nganingtita New Jerusalem keinungli zangshap mi ngasaranu kajihi ina Proho Jesu Christawui mingli seiha kasana!

Kapime
Dr. Jaerock Lee

Dr. Jaerock Lee hi 1943li Korea Republic Jeonnam province Muanli pharai. Zingkum 20 kakahai eina Dr. Leehi maraikapai kazat kazada kharingwui kachihan maleila kathili ngaraipamda leisai. 1974 wui sikachang zanguki kachi tamli ashachonna church akhali thanvalaga chili ngakhumsham seiha kasa eina kharinga Varena kazat katonga chi ngalangda raimiser haowa.

Hitamchangli otshok hiwui manga eina Dr. Lee kharinga Vareli samphang haowa, laga ana ning tongchaoda Vareli leikashi eina 1978li Awui rao akha sada khuihaowa. Varewui tui athishurda kahang ngana khavai kala Awui kaphaning chi tharlak eina theishing khuishap khavai ana thuklak eina seiha sapam chinga. 1982li Korea Seoul konungli ana Manmin Central Church semkai laga chiwui eina mashan kharar raikhamiwui otshotla zangda Varewui matakhak kahai ot tarakha church chili shokchinga.

1986li Dr. Leeli Koreawui Sungkyul Church Annual Assemblyli pastor akha sakhavai ordain sami, laga zingkum matiwui thi 1990 zingkumli awui sermonbing Australia, Russia, Philippines, kala langmeikharda Far East Broadcasting Company, Asia Broadcast Station, kala Washington Christian Radio Systemna broadcaste samiya.

Zingkum kathumwui thi 1993li Manmin Central Church hi "World's Top 50 Churches" li chankhavai Christian World magazine (US) na kapangsang haowa kala chiwui eina ahi Christian Faith College, Florida, USAli Divinity Honorary Doctorate tamkhui kala 1996 Kingsway Theological Seminary, Iowa, USAli Ministry wui Ph. D. tamkhui haowa.

1993 zingkumwui eina thuida Dr. Lee hi Tanzania, Argentina, L.A., Baltimore City, Hawaii, kala USA wui New York City, Uganda, Japan, Pakistan, Kenya, Philippines, Honduras, India, Russia, Germany, Peru, Congo Democratic Republic, Israel kala Estonia hibingli awui ministry sada crusade tarakha sazata. 2002li okathui apam kachivali ot sakazat wui vang ahi "worldwide pastor" na da Korea wui major Christian newspaper bingli phongmi haowa.

Awui pangshap khalei ministry chiwui manga eina 2002li okathuiwui revivalist akhana chida Koreawui News paperli phongmiser haowa. Matailak eina Madison

Square Gardenli kasa "New York Crusade 2006" chiwui eina mina theiphok kahaina. Crusade kasa chili yurjat 220li broadcast sami, kala Jerusalem International Convention (ICC)li kasa awui 'Israel United Crusade 2009' chili Jesu Christahi Huikhame kala Messiah laka chida phonglak eina pao hashoka.

Awui sermon bing chi GCN TVli yurjat 176li chihomida 2009 kala 2010 'Top 10 Most Influential Christian Leaders' wui alungli zanghaowa. Kala ana okathui apam kachivali pastoring ministry khuikaka eina In Victory kaho Russian Christian magazineli awui maramli kachungkha kapi haowa.

2010 May kachangli Manmin Central Church hi member 120,000 langhaowa. Korea keinungli khalei church 56 zangda foreign ngaleili church 10,000 shikha lingka haira. Kala 23 ngalei chiwui alungli United States, Russia, Germany, Canada, Japan, China France, India, Kenya hibing hina. Aruirui 129 langda missionary chihoda lei.

Dr. Leehi lairik 85 kapi haira, chiwui alungli Mathiranglakha Katang Makhavai Mirin Khamazap, Iwui Mirin Iwui Shitkasang I & II, Krushwui Paokapha, Shitkasangwui Khantam (Measure), Kazingram I & II, Meifa kala Varewui pangshap hibing hi zangda 60 kahaira. Kala lairik bing hi tui 75li khalatshokta kapi kahaina.

Awui Vareshi column hi the Hankook Ilbo, the JoongAng Daily, The Dong-A Ilbo, The Munhuwa Ilbo, The Seoul Shinmun, The Kyunghyang Shinmun, The Hankyoreh Shinmun, The Korea Economic Daily, The Korea Herald, The Shisa News, kala The Christian Pressli zangserda lei.

Dr. Lee hi aruirui organization tarakhali missionary kathanna kala association bingwui kathanna sada lei: Chiya Chairman, The United Holiness Church of Jesus Christ; President, Manmin World Mission; Permanent President, The World Christianity Revival Mission Association; Founder, Manmin TV; Founder & Board Chairman, Global Christian Network (GCN); Founder & Board Chairman, World Christian Doctors Network (WCDN); kala Founder & Board Chairman, Manmin International Seminary (MIS) hibing hina.

www.ingramcontent.com/pod-product-compliance
Lightning Source LLC
LaVergne TN
LVHW021813060526
838201LV00058B/3362